POMPÉI.

CHOIX D'ÉDIFICES INÉDITS.

PREMIÈRE PARTIE.

MAISON DU POÈTE TRAGIQUE.

PAR

RAOUL-ROCHETTE, MEMBRE DE L'INSTITUT,

ET J. BOUCHET, ARCHITECTE.

1ʳᵉ Livraison.

PARIS,

CHEZ LES AUTEURS,

A LA BIBLIOTHÈQUE DU ROI, RUE NEUVE-DES-PETITS-CHAMPS, N° 12,
ET RUE DE CRÉBILLON, N° 2,

ET CHEZ BANCE AINÉ, RUE SAINT-DENIS, N° 214.

1828.

DE L'IMPRIMERIE DE CRAPELET, RUE DE VAUGIRARD, N° 9.

POMPÉI.

CHOIX D'ÉDIFICES INÉDITS.

PREMIÈRE PARTIE.

OBSERVATIONS GÉNÉRALES.

Il est peu de points d'antiquité qui soient restés encore aussi obscurs, que ceux qui ont rapport aux habitations privées des anciens, à leurs mœurs et à leurs usages domestiques. Sauf un petit nombre de passages d'écrivains grecs et latins, souvent assez difficiles à entendre, et plus difficiles encore à accorder entre eux, le livre de Vitruve est à peu près le seul qui nous fournisse quelques détails précis sur le plan et sur les distributions d'une maison grecque ou romaine[1]. Mais la diction de cet auteur, quelquefois obscure en elle-même, hérissée de mots techniques dont l'intelligence nous manque, privée du secours des plans qui achevaient de rendre claires, pour ses compatriotes, des notions d'ailleurs familières à tous ses lecteurs, nous laisse dans le doute sur une foule de particularités des plus essentielles à connaître pour bien comprendre le système entier de la vie privée des anciens.

Aussi les efforts tentés à diverses reprises pour recomposer, à l'aide du dessin, quelques unes des descriptions de Vitruve, par exemple, celle d'une maison grecque, par Perrault[2], Galiani[3] et Mariette[4], ont-ils été jusqu'ici couronnés de peu de succès. S'ils réussissent dans quelques détails, ils pèchent tous plus ou moins dans l'ensemble; et c'est le cas de dire avec le poète : *infelix operis summâ, quia ponere totum nesciet.*

Pline le jeune nous a donné, dans l'une de ses épîtres, une description de sa maison de campagne de Laurentum, qui semblerait ne devoir rien laisser d'obscur ni d'équivoque[5]. L'auteur s'y exprime partout en homme parfaitement maître de sa langue, aussi-bien que du terrain sur lequel il s'exerce. On sent, dans toutes ses paroles, non seulement l'écrivain instruit et l'amateur éclairé, mais encore le propriétaire amoureux de sa maison, à qui aucun trait n'échappe ni aucun détail ne coûte; cependant personne encore n'a pu rétablir avec certitude le plan de la maison de campagne de Pline, pas même le docte P. Marquez, qui a composé sur ce seul objet un assez gros

---

[1] Vitruv. *de Architect.* VI, 7 (Vulg. 10) t. I, p. 164-166, éd. Schneid.
[2] Perrault, *sur Vitruve*, à l'endroit cité.
[3] Galiani, *Architett. di Vitruv.* ibid.
[4] Voy. la note 21 ajoutée au chap. XXV du *Voyage du Jeune Anacharsis*, t. II, p. 496-505, édit. Ledoux, Paris, 1822.
[5] Pline Jun. *Epist.* II, 17.

POMPÉI.

livre[1]; et le même savant qui avait fait de l'architecture romaine l'étude de toute sa vie, et du livre de Vitruve, son seul livre et presque son évangile, n'a pas échoué moins complétement dans son volumineux traité des *maisons de ville des anciens Romains*.[2]

C'est que les notions de l'architecture, avec quelque exactitude qu'elles soient rendues, ne peuvent absolument se passer du secours des plans. Quelle que soit, dans une description, l'abondance ou la précision des détails, l'une et l'autre pèchent presque également par excès ou par insuffisance; et ici, plus qu'en toute autre chose, l'esprit n'est complétement éclairé, que quand l'œil a vu. Aussi les fragmens du plan de l'ancienne Rome, conservés au Capitole et publiés par Bellori[3], auraient-ils, malgré toute leur imperfection, servi plus utilement que tel traité moderne, à éclaircir plus d'un passage de Vitruve, si on les eût consultés davantage. Mais comme en général les savans aiment assez à disputer sur des mots, et qu'il est commode de faire des livres en réfutant d'autres livres, on s'est presque exclusivement attaché au texte d'un auteur qui prête beaucoup au commentaire, et l'on s'est peu occupé de ces plans antiques, qui n'admettaient presque aucune discussion, et qui étaient, du reste, avec la petite maison découverte vers la fin du siècle dernier dans la villa Negroni[4], avec quelques chambres du palais des Empereurs déterré sur le Palatin à la même époque[5], et peut-être deux ou trois autres ruines antiques, tant au dedans qu'au dehors de Rome[6], les seuls modèles qui se fussent conservés jusqu'à nous des habitations privées des anciens Romains.

Les premières découvertes de Pompéi ont produit l'avantage inespéré de fixer, par la seule inspection des lieux, l'acception de plusieurs mots, ou pour parler plus juste, la conformation et l'existence même de plusieurs choses, sur lesquelles on disputait encore après tant d'ouvrages publiés sur ces matières; et il n'est pas douteux que la découverte entière de cette ville, dont la cinquième partie est à peine déblayée[7], n'ajoute encore beaucoup à nos connaissances, puisque, dans le grand nombre d'habitations qui se découvrent de proche en proche, l'une doit nécessairement offrir ce qui manque à l'autre, et compléter ainsi, par la réunion de tous les édifices privés et publics de la seule Pompéi, le plan d'une maison et celui d'une ville antique. Toutefois, il ne faut pas se dissimuler que Pompéi, ville de troisième ou de quatrième ordre, ne saurait jamais nous présenter aucun de ces édifices, tels que la maison de Pline, de Lucullus ou de Pollion, où se déployait tout le luxe de la civilisation romaine; et il est à craindre

---

[1] *Delle ville di Plinio il Giovane*, opera di D. P. Marquez, Messicano, *con un Appendice sugli Atri della S. Scrittura, e gli scamilli impari di Vitruvio*, Roma, 1796, in-8°.

[2] *Delle case di citta degli antichi Romani, secondo la dottrina di Vitruvio esposta* da D. P. Marquez, Messicano, Roma, 1795, in-8°.

[3] *Fragmenta vestigii veter. Romæ*, cum notis Bellori, Roma, 1773, fol.

[4] Publiée, avec les peintures dont elle était ornée, d'après les dessins de Camillo Buti et de Raphaël Mengs. M. Mazois en a reproduit le plan à la suite de son *Essai sur les habitations privées des anciens Romains*, pl. II, fig. II, *Ruines de Pompéi*, seconde partie.

[5] Voyez la notice donnée sur ces fouilles intéressantes de l'abbé Rancoureil, dans Guattani, *Notizie delle antichita e belle arti di Roma, per l'anno 1785*, Roma, in-4°.

[6] Le plan d'une antique villa, nommée vulgairement *Roma Vecchia*, sur la route de Frascati, entre les anciennes voies appienne et latine, dans Mazois, même planche, fig. III. Voyez aussi Nibby, *Viaggio antiquario*, II, 237 et suiv., et surtout Riccy, *Dell' antico pago lemonio, in oggi Roma Vecchia*, Roma, 1802, in-4°.

[7] Voyez le *Plan général* de Pompéi, publié par M. Bibent, Paris, 1827. L'enceinte des murs de cette ville a été découverte entièrement dès 1814, Bonucci, *Pompei descritta*, p. 79-80.

que le tableau tracé par un savant et ingénieux architecte, du palais de Scaurus[1], ne reste éternellement privé de modèle. Sous d'autres rapports, les maisons de Pompéi, dans leur état actuel, manquent, et sans doute manqueront toujours pour nous, de plusieurs de leurs principaux élémens. Ces maisons ont toutes leur élévation détruite. Réduites au rez-de-chaussée par la chute d'une partie des murailles et des plafonds, elles ne peuvent nous apprendre comment les étages supérieurs étaient établis et disposés; comment les jours et les fenêtres y étaient distribués, relativement aux appartemens intérieurs, aussi-bien qu'à la voie publique; de quelle manière elles se terminaient et comment elles étaient couvertes. Mais, malgré ces imperfections, peut-être à jamais irréparables, les maisons de Pompéi nous fournissent, dans leur disposition, les notions les plus essentielles sur ce qui concerne cette importante partie de la vie privée des anciens. Il y règne, dans le plan général sur lequel elles sont construites, et dans le système de décoration qu'elles nous présentent, un mélange du goût grec et des habitudes romaines, doublement intéressant; et comme, sauf un petit nombre d'exceptions, le plan d'une maison grecque ne consistait qu'en un rez-de-chaussée[2], et que même à Rome, où l'élévation des maisons et la multiplicité des étages donnèrent plus d'une fois lieu à des mesures de répression de la part de l'autorité[3], le principal appartement continua toujours d'être au rez-de-chaussée[4], les maisons de Pompéi, réduites en cet état, nous offrent encore en réalité ce qui se trouvait de plus important dans une habitation romaine du premier siècle de notre ère, c'est-à-dire du plus beau temps de l'empire.

Les notions fournies par les maisons de Pompéi peuvent d'ailleurs s'étendre et se compléter par l'examen d'autres édifices, partie antiques, partie modernes, dont le plan est bien certainement emprunté à des dispositions anciennes. Telles sont en Italie la plupart des maisons religieuses, bâties dans le déclin du paganisme et de l'empire, sur l'emplacement et sur les données des maisons romaines qui avaient changé de maître ou de destination[5]; telles sont à Rome même une foule d'habitations particulières, de petits *palazzi*, qui rappellent évidemment, dans leurs principaux élémens, savoir: le *vestibule*, le *corridor d'entrée*, la *cour carrée et découverte*, entourée de *portiques*, avec la *fontaine* au milieu[6], qui rappellent, dis-je, le plan des maisons gravées sur les fragmens du Capitole, ou déterrées dans les ruines de Pompéi. Cette analogie frappante, conforme d'ailleurs à la nature des choses, laquelle n'a pas dû changer dans tout ce qui tient aux habitudes nées du climat, du sol, de la température, se trouve confirmée d'une autre part par des témoignages historiques qui ne laissent aucun doute à cet égard. Telle est, entre autres documens que je pourrais citer, la description si curieuse qui nous a été

---

[1] *Le palais de Scaurus, ou description d'une maison romaine*, par M. Mazois, Paris, 2ᵉ édition, 1822; et la traduction allemande, enrichie de notes de K. Ch., et E. F. Wüstemann.

[2] Voyez les témoignages recueillis à ce sujet par Barthélemy, *Voyage d'Anacharsis*, chap. XXV, t. II, p. 439-440, éd. Ledoux.

[3] Strabon. *Geograph*. Lib. V, p. 235; Tacit. *Annal*. XV, 43; Sueton. *August*. XXX; *Neron*. XVI; Dion. Cass. LIV, 2. D'après ces témoignages comparés, la hauteur des maisons de Rome, qui avait été fixée par les ordonnances d'Auguste, à 70 pieds romains (63 pieds 10 pouces 2 lignes de la toise de l'Académie des Sciences), se trouva progressivement réduite, sous Trajan, à 60 pieds romains; Aurel. Vict. *Epitome*, c. 13.

[4] C'est ce qui peut s'induire du bas prix auquel étaient généralement taxés les loyers des étages supérieurs, à Rome, vers la fin de la république; Plutarque, *Vie de Sylla*, c. 32.

[5] Marquez, *Case di citta degli Ant. Romani*, p. 8.

[6] Voyez l'excellent ouvrage de MM. Fontaine et Percier, *Maisons et Palais de Rome*, particulièrement les palais *Negroni*, et *Colonna di Sonnino*, et le recueil de M. Letarouilly, *Édifices de Rome moderne*, pl. XXXIV et XXXVI.

conservée du palais d'un petit souverain d'Italie, d'un duc de Spolète, description qui se rapporte à l'an 814 de notre ère, et dans laquelle, sous des noms en partie changés, mais toujours restés fidèles à l'étymologie grecque ou latine, nous retrouvons les principales dispositions d'une grande maison romaine[1], qui s'étaient ainsi maintenues à travers toutes les vicissitudes de la société, dans une série de neuf siècles, et qui n'ont guère plus changé, dans l'intervalle de temps à peu près égal écoulé depuis cette époque jusqu'à nos jours. Il est donc vrai que les édifices de l'Italie, et en particulier de Rome moderne, peuvent être, jusqu'à un certain point, appelés en témoignage, pour éclaircir ou pour compléter ce qui se trouve encore d'obscur ou d'insuffisant dans les notions relatives aux habitations des anciens Romains, de même que les habitudes actuelles du peuple de Naples servent à nous faire connaître la destination et l'usage de quelques localités de Pompéi, qui ne s'expliquent pas toujours d'elles-mêmes sur le terrain.

Le trait le plus fortement caractéristique dans la disposition des maisons antiques, trait qui les distingue tout-à-fait des nôtres, c'est la *cour intérieure*. Ces cours, qui laissaient, dans le milieu de leur toiture, un passage à l'air et à la lumière, aussi-bien qu'à la pluie, environnées le plus souvent de portiques, et flanquées, de deux côtés au moins, d'appartemens qui ne recevaient de jour que de l'intérieur, semblent, au premier aspect, avoir offert le double avantage d'y vaquer aux occupations du ménage, à l'abri de la surveillance incommode et fâcheuse des gens du dehors, en même temps que par cette privation même de jour extérieur, et par la petitesse et la disposition des appartemens, elles mettaient leurs hôtes dans la nécessité de vivre à l'air et en public. Il paraît cependant, d'après des vers de Plaute[2], que souvent un voisin curieux, ou une voisine hargneuse et bavarde, pouvait, de la terrasse d'un mur mitoyen, ou de la fenêtre d'un étage supérieur, apercevoir, par l'ouverture de la cour, ce qui se passait sous le portique, et que, par là, bien des secrets du ménage pouvaient être éventés et divulgués. Térence, appliquant les usages romains à des traits de mœurs grecques, ce qui était pour lui une sorte de traduction libre, et peut-être aussi de travestissement comique, fait descendre Jupiter auprès de Danaé, par cette même ouverture du toit[3]; ce qui prouve que, dans les dispositions des maisons antiques, si les femmes étaient inaccessibles du dehors, elles n'étaient point inviolables au dedans. Malgré ces inconvéniens, et d'autres incommodités dont se plaint Sénèque[4], et qui sans doute ont dû exister par tout pays et dans tout système de construction, on peut présumer que les maisons anciennes offraient à leurs habitans plus d'aisance, de sécurité, de liberté, que les nôtres. Le plus souvent isolées d'habitations contiguës, du moins à Rome, où cette disposition fut prescrite à plusieurs reprises par des réglemens de police, elles étaient généralement privées de fenêtres sur la voie publique, comme on le voit encore à Pompéi. Je dis, généralement, parce qu'il y eut sans nul doute de nombreuses exceptions à cette règle, chez les

---

[1] Le texte de ce document, publié d'abord par le P. Mabillon, *Rer. Ital.* t. II, p. II, est beaucoup trop étendu pour pouvoir être rapporté ici. On y compte *douze parties* dans l'habitation, savoir : le *Proaulium*, ou avant-cour ; le *Salutatorium*, lieu de réception ; le *Consistorium*, qui répondait à la *Basilique* ; le *Trichorium*, salle de banquet ; les *Zetæ hyemales*, chambres d'hiver ; les *Zetæ æstivales*, chambres d'été ; les *Triclinia acubitanea*, salons garnis de divans pour respirer des parfums ; les *Thermes* ; le *Gymnase* ; la *Cuisine* et ses dépendances ; le *Columbum*, lieu où l'on s'exerçait à nager, et l'*Hippodrome*, ou le manége.

[2] Plaut. *Mil. Glorios.* II, 3 : Forte fortuna *per imoluvium* huc despexi in proxumum, atque ego illam aspicio osculantem Philocomasium cum altero nescio quo adolescente.

[3] Terent. *Eunuch.* III, 5, 587-8 : Atque per alienas tegulas venisse *per impluvium* clanculum ; du reste, je dois observer que Térence décrit ici un *tableau*, *tabula picta*.

[4] Senec. *Epist.* XC.

Grecs, aussi-bien que chez les Romains. Le curieux vase grec qui représente Jupiter accompagné de Mercure, l'un et l'autre dans l'accoutrement le plus grotesque, dressant une échelle contre l'appartement d'Alcmène, qui se montre à sa fenêtre[1], prouve irrésistiblement, par la familiarité même de l'image offerte sur ce vase, que, dans les maisons des anciens, qu'on pourrait appeler bourgeoises, des fenêtres étaient quelquefois pratiquées sur la rue. Mais il n'est pas moins certain que, dans le plus grand nombre de cas, cette disposition n'avait point lieu. Il résultait de là que, si, dans nos idées et à nos yeux, les murs des maisons de Pompéi ressemblent à ceux d'une prison, les habitans de ces maisons s'y croyaient plus véritablement chez eux, plus libres de vaquer à leurs travaux domestiques, moins troublés à la fois dans leur activité et dans leur repos. Tant qu'ils se tenaient renfermés à la maison, ils vivaient entre eux et pour eux. Sortaient-ils de leurs demeures, ils trouvaient l'assemblée des citoyens répandue partout dans les *Areæ* ou places publiques, sous les colonnades des temples, sous les portiques des théâtres, et, pour ainsi dire, la république entière dans le Forum ou dans la Basilique. Ils n'étaient donc jamais à demi ce qu'ils étaient; hommes publics ou hommes privés, citoyens ou pères de famille, ils étaient tout entiers l'un et l'autre, sans distraction, sans partage. Ajoutez à cela que, par le fait même d'un climat doux et tempéré, d'un ciel généralement pur et serein, tel que celui de l'Italie ou de la Grèce, ils pouvaient jouir incessamment chez eux de l'avantage de vivre en plein air, au moyen de ces cours découvertes, de ces portiques spacieux, qui forment la principale partie et, pour ainsi dire, l'élément indispensable des maisons antiques, petites ou grandes, telles qu'on les voit à Pompéi.

Cette disposition générale, la rareté des fenêtres sur la voie publique, l'absence totale de cheminées, les toits en terrasse, et l'excessive exiguité des chambres à coucher, lesquelles n'admettaient d'air et de lumière que par une porte unique, quelquefois précédée d'une antichambre, le plus souvent ouverte sous un portique; tels sont les traits principaux auxquels se distinguent ces maisons antiques, et dont il est plus ou moins facile de rendre compte, par des considérations tirées de la nature des choses et des conditions du climat. Le plan de la plupart des maisons actuelles des gens du peuple à Naples offre encore, à beaucoup d'égards, les mêmes dispositions que celui d'un assez grand nombre des maisons de Pompéi, qui paraissent également avoir appartenu à des personnes d'une condition médiocre. L'absence, ou du moins l'extrême rareté des cheminées[2], est encore un trait caractéristique de la plupart des habitations, grandes ou petites, à Rome, aussi-bien qu'à Naples; et, comme chez les anciens, on se sert pareillement dans ces deux villes, pour échauffer les appartemens intérieurs, de fourneaux

---

[1] Ce vase a été publié par Winckelmann, *Monum. Ined.*, n. 190, et fait encore aujourd'hui partie de la collection du Vatican; on en connaît plusieurs répétitions légèrement variées, une entre autres, dans le riche cabinet de M. le comte de Pourtalès-Gorgier, qui se propose de publier prochainement ce vase intéressant, avec un choix des principaux monumens antiques de sa collection. Du reste, il n'est pas rare de rencontrer sur les vases antiques, des *fenêtres* figurées, et même, ce qui est plus décisif, des *personnes à la fenêtre*; on voit des exemples de l'un et de l'autre cas, *Vases d'Hamilton*, II, 34; Gori, *Mus. Etrusc.* tab. CLXVIII; Passeri, *Pictur. Etrusc. in Vascul.*, t. I, tab. XXXVII et LX. Les bas-reliefs romains, qui offrent presque toujours des sujets grecs, traités avec les accessoires et dans le costume grecs, présentent fréquemment aussi la même particularité; je me contenterai de citer, à cet égard, les bas-reliefs publiés par Winckelmann, *Monum. Ined.*, nn. 92, 94, 135, et surtout le beau bas-relief du Festin de Bacchus chez Icarius, dont on connaît plusieurs répétitions antiques, *Admiranda*, 43; *Mus. P. Clement.* IV, XXV; *Mus. British*, II, pl. IV, toutes d'un travail exquis, et certainement dérivées d'un excellent original grec.

[2] On n'a trouvé de traces de cheminées à Pompéi, que dans une boutique, et dans une salle dépendante du temple d'Isis.

portatifs, remplis de charbons allumés [1], ou même de vases à anse, nommés *Scaldini*, et contenant de la braise, que les gens du peuple portent suspendus à leur bras, ce qui ne les empêche pas de vaquer à leurs occupations habituelles, soit au dedans, soit au dehors de la maison.

On peut alléguer plusieurs causes probables de la disposition primitive au moyen de laquelle les maisons antiques, isolées l'une de l'autre, et presque toujours dépourvues de fenêtres extérieures, formaient ce que, dans les temps plus rapprochés de nous, on appelait à Rome *insula* [2], *île*, et ce qui nous paraîtrait à nous une prison ou une forteresse. Dans le premier âge de la société, telle surtout qu'elle avait commencé à Rome, par des bandits, chaque chef de famille pouvait être considéré comme représentant une petite cité, image réduite de la grande, qui avait en elle-même toutes les ressources, toutes les conditions de son indépendance, et à la sûreté de laquelle il fallait pourvoir au moyen d'un mur de clôture qui l'isolât de toute autre, et qui pût en même temps la garantir contre toute agression. De là, sans doute, l'isolement des maisons antiques; de là aussi la privation de fenêtres au dehors. On trouve, dans l'histoire, plus d'une trace de cette manière de construire les maisons, qui les faisait ressembler à des citadelles, comme, entre autres exemples, dans l'accusation intentée contre Publ. Valérius, au sujet de l'habitation qu'il se faisait bâtir sur le Mont-Vélien [3]. Plus tard, lorsque les progrès du luxe eurent amené la décadence et le mépris des lois somptuaires, il fallut cacher aux regards et à l'investigation d'un public jaloux des dépenses condamnées par l'ancienne austérité, ou des plaisirs contraires aux vertus républicaines. Le mystère domestique dans lequel on se réfugiait contre la publicité, entrait ainsi dans les vues de l'ambition, aussi-bien que dans les conditions de la liberté. On pouvait être presque impunément chez soi livré à tous les vices, sans nuire à sa considération politique; on pouvait être prodigue à la maison et sévère en public; et du sein de sa demeure bien fermée, comme d'un sanctuaire impénétrable, on éludait la censure publique et l'on échappait à la délation privée. Cela nous explique le soin extrême que l'on apportait à ne pas donner à l'extérieur des maisons une apparence trop ambitieuse, et le haut prix que l'on attachait à une décoration de cette espèce, lorsqu'elle était concédée à titre de distinction publique par une délibération solennelle, comme, par exemple, lorsque le sénat accorda, par un décret, à Jules César, la permission d'ajouter à l'extérieur de sa maison un *fastigium*, ou un *fronton*. [4]

C'était encore par une conséquence de la disposition primitive dont j'ai parlé, que la plupart des maisons romaines renfermaient dans leur propre sein toutes les pièces qui servaient aux divers besoins de la vie civile. Dès le principe, il avait fallu que chaque citoyen romain, vivant retiré aux champs et isolé sur son domaine [5], pût se suffire à lui tout seul, et trouvât au sein de sa famille même tout ce qui était nécessaire à la sub-

---

[1] Ces fourneaux se nommaient *camini portatiles, fornaces, foculi, ignitabula*, ou enfin *escharæ*, mot grec qui semble prouver l'origine grecque de cet usage; comparez Caton, *de Re Rustic.* XVIII; Columell. XI, 1; Suet. Tiber. LXXIV; *Vitell.* VIII. Les appartemens supérieurs, disposés en terrasse et tournés au soleil, s'appelaient *Solarium*, ou *Heliocaminus*, cheminée solaire, Plaut. *Mil. Glor.* II, 4-25.

[2] Sueton. *Neron.* XVI, 38-44; Tacit. *Annal.* VI, 45; XV, 41.

[3] Tit. Liv. II, 7 : Ibi alto atque munito loco *arcem* inexpugnabilem fore.

[4] Cicer. *Philipp.* II, 43; Flor. IV, 2.

[5] De là le nom de *Viatores, Voyageurs*, donné aux licteurs chargés de convoquer à domicile, c'est-à-dire *aux champs*, les membres du sénat, Cicer. *Cat.* XVI; Plin. *Hist. Nat.* XVIII, 3: A villa in senatum arcessebantur et Curius et cæteri senes; ex quo, qui eos arcessebant, *viatores* dicti sunt.

sistance de cette famille. C'était par des esclaves qu'étaient préparés sous l'œil et dans l'habitation du maître, tous les objets de consommation qui entraient dans l'usage ordinaire de la vie; en sorte que les professions de première nécessité, les arts industriels et mécaniques les plus indispensables, avaient leur place marquée dans une maison romaine du premier âge, sans doute avec l'exiguité de local que comportaient les mœurs simples et agrestes de cet âge, mais cependant avec toutes les dispositions nécessaires à leur usage. De cette pratique de faire fabriquer chez soi tout ce qui entrait dans la consommation, tout ce qui servait aux besoins d'une vie frugale et modeste, il résultait que chaque habitation, isolée de fait sur le terrain, se trouvait aussi moralement indépendante de toute autre, et que, pouvant se maintenir et subsister par ses propres ressources, elle offrait réellement en petit une image de la grande société civile. Les mêmes mœurs se maintinrent à travers toutes les vicissitudes de la fortune de Rome. A mesure que la civilisation fit des progrès, et que le luxe, qui marche partout à sa suite, s'introduisit chez les Romains, l'étendue de leurs maisons s'accrut pour ainsi dire dans la même proportion que celle de leur empire; et de même que la domination romaine en vint à rassembler dans son vaste sein une foule d'États conquis, de provinces, de royaumes, chaque citoyen romain, tant soit peu opulent, renferma de même dans l'enceinte de son habitation une foule d'autres habitations, avec un monde d'esclaves, chargés chacun, sous une multitude de noms différens, de toutes les fonctions qui se rapportaient soit au service du maître, soit à celui de la maison [1]. Il suffirait de la seule nomenclature de ces esclaves, telle que nous la font connaître les textes des anciens et les inscriptions funéraires [2], pour juger quelle dut être l'énorme capacité d'une maison romaine, du premier siècle de l'empire, et quelle place y occupaient les localités affectées à chaque espèce d'industrie, de fabrication et de service. Mais on retrouve encore à Pompéi, bien qu'elle ne fût qu'une toute petite ville de province, une image, extrêmement réduite, si l'on veut, et néanmoins assez fidèle, de ce qu'étaient ces grandes maisons de la capitale du monde. On voit, dans quelques unes des principales habitations de Pompéi, telles que celles dites de Polybe [3], et de Pansa [4], des pièces qui servaient à la boulangerie, et à divers autres usages domestiques; d'autres pièces, ou boutiques, distribuées sur le devant ou sur les côtés de la maison, dans lesquelles les esclaves préposés à cet effet vendaient en détail les grains, les fruits, ou les vins du propriétaire, suivant un usage qui s'est perpétué à travers toutes les révolutions du temps, et qui subsiste encore aujourd'hui dans presque tout le royaume de Naples et à Florence. [5]

La multiplicité des pièces dont se composait nécessairement une habitation romaine

---

[1] Voyez les Traités de Pignorius, *de Servis et eorum apud veteres ministeriis*, Patav. 1676, et de T. Popma, *de Operis servorum*, Amstel. 1673, avec les supplémens de Poleni, *Antiq. Rom.* Grævii, t. III, ainsi que la dissertation de Muratori, *sopra i servi e liberti Antichi*, t. III, des Mémoires de la *Societa colombaria* de Florence.

[2] Voyez surtout les *inscriptions* recueillies dans le *Colombaire des Esclaves et des Affranchis de Livie*, et publiées par A. Fr. Gori, I vol. in-fol. Roma, 1731. Les recueils de Gruter, de Doni, de Muratori, et toutes les collections de marbres antiques, sont pleines d'inscriptions du même genre, qui portent à un nombre presque prodigieux la nomenclature des esclaves employés dans les grandes maisons de Rome. Voyez les nombreux passages d'auteurs anciens relatifs à ce point d'archéologie rapprochés et expliqués par M. Creuzer, dans son *Abriss der romischen Antiquitäten*, p. 30-53, Leipzig, 1824, in-8°.

[3] Mazois, *Ruines de Pompéi*, 2ᵉ part. pl. XIII, 2, p. 51-52.

[4] *Ibidem*, pl. XLII-XLV, p. 82-85.

[5] Bonucci, *Pompei descritta*, p. 100 : Ciò fa presumere che era costume fra' ricchi di vendervi a minuto il prodotto delle loro terre e della loro industria; come si usa tuttora in Firenze, e ne' nostri paesi di provincia.

d'un personnage tant soit peu aisé, explique l'extrême exiguité de toutes celles de ces pièces qui étaient affectées à des usages privés. Les chambres à coucher surtout offrent un espace si resserré, qu'on a peine à comprendre qu'elles pussent avoir une pareille destination; ajoutez à cela qu'elles ne reçoivent habituellement l'air et la lumière, que par la porte [1]. Il résulterait de la seule inspection de ces chambres, et des autres appartemens qui servaient de même à des usages domestiques, que la vie des anciens devait se passer hors de chez eux, sauf le peu d'instans accordés aux besoins ordinaires et au sommeil. Ce n'était point une *race amollie* qui eût besoin d'*ombre et de toit* pour s'y tenir à couvert, suivant l'expression de Juvénal [2]; toujours en plein air, soit qu'ils conversassent sous les portiques découverts de leurs maisons, *atria*, ou qu'ils prissent leur repas du *jour*, dans leurs *triclinium* ouverts, et ceux du *soir*, sur leurs terrasses, *pergulæ* [3], soit qu'ils cherchassent la société de leurs semblables au *Forum* et dans les lieux publics, c'étaient des gens qui ne redoutaient ni la lumière ni le soleil [4], tant que durait le jour, et qui, la nuit, n'avaient besoin, pour dormir, que d'obscurité et de silence.

[1] C'était aussi un ancien usage grec, à en juger d'après le passage d'Apollonius de Rhodes, où, décrivant les nuits inquiètes de Médée, il dit que pour voir naître le jour elle fut obligée d'ouvrir la *porte* de sa chambre à coucher, *Argonaut.* III, 821 ; preuve que cette chambre était *sans fenêtres;* voyez Winckelmann, *Monum. Ined.*, t. II, p. 267.

[2] Juvenal: Genus ignavum, qui tecto gaudet et umbra.

[3] C'est encore par des *terrasses* de ce genre que sont terminées la plupart des maisons de Naples et des environs.

[4] Les habitans actuels du royaume de Naples ne redoutent pas plus le soleil que leurs anciens prédécesseurs, Grecs et Romains. J'ai vu rarement les gens du peuple, à Naples et en Sicile, se mettre à l'ombre dans les heures les plus chaudes de la journée; c'est presque toujours au soleil qu'ils se reposent.

POMPÉI.

CHOIX
D'ÉDIFICES INÉDITS.

MAISON DU POÈTE TRAGIQUE.

La maison que nous nous sommes proposé de faire connaître dans son ensemble et dans ses détails[1], offre, bien que dans de très petites proportions, le modèle le plus complet et le plus achevé d'une habitation privée, qui se soit encore rencontré dans les ruines de Pompéi. On y trouve, caractérisé de la manière la plus positive, le mélange des dispositions propres aux Grecs et aux Romains, qui devait en effet se rencontrer parmi les habitans d'une ville primitivement grecque, et devenue colonie romaine. De plus, les diverses parties de son plan s'expliquent de manière à ne laisser presque aucun doute sur leur destination particulière, et, conséquemment, sur les principales conditions du programme d'une maison antique de la classe ordinaire. Enfin, les peintures dont elle est décorée dans toute son étendue, lui donnent, sous le double rapport de l'art et de l'érudition, le plus haut degré d'intérêt.

Nous commencerons par offrir une description succincte de cette maison, pièce par pièce; après quoi, nous ferons sur chacune de ses parties les observations dont elles nous paraîtront susceptibles, en nous attachant surtout aux détails de mœurs et d'habitudes antiques qui s'y rapportent, et dont la preuve résulte de la disposition même de ces localités.

Placée entre deux rues, qui se coupent presque à angle droit, dans le quartier qui paraît avoir été l'un des plus beaux et des plus fréquentés de l'antique Pompéi, attendu qu'il avoisine les *Thermes*[2], le *Forum*[3], et la rue principale tracée en face du Forum, dont le déblaiement se poursuit actuellement, cette maison s'ouvre directement sur la voie publique, sans aucune espèce d'avant-corps. La porte, dépourvue de tout ornement, donne entrée sur un corridor long et étroit, voyez pl. I, n° 1, flanqué, à droite et à gauche, de deux grandes pièces, n°s 2 et 3, décorées avec la plus extrême simplicité. De ce corridor, on passe à une cour découverte, n° 4, nommée *Atrium*, au centre de laquelle, se voit, n° 5, l'*Impluvium*, ou le bassin destiné à recueillir les eaux pluviales qui tombaient par l'ouverture du toit. A droite, n° 22, est une pièce longue, étroite et obscure, qui ne pouvait servir que de décharge ou de magasin, et, du même côté, à l'autre extrémité de la cour, n° 6, ce que l'on appelait une *Aile, Ala*, et qui, dans les maisons disposées d'une manière plus complète et plus régulière, devait nécessairement se

---

[1] Cette maison a été découverte du 10 novembre 1824 à la fin de mars 1825. Il en existe une description sommaire, dans l'ouvrage de l'architecte C. Bonucci, intitulé : *Pompei descritta*, p. 112-124, 3ᵉ ediz. Napoli, 1827. Une autre description, plus exacte et plus détaillée, se lit dans le *Real Museo Borbonico*, vol. II, tav. LV, p. 1-12.

[2] Les *Thermes*, dont la découverte, une des plus importantes à tous égards qu'aient offertes jusqu'ici les ruines de Pompéi, date aussi de 1824, ont été décrits et publiés, mais d'une manière très imparfaite, dans le *Real Museo Borbonico*, vol. II, tav. XLIX, L, LI, LII, LIII et LIV. L'étude complète que nous avons été à même de faire de ce curieux édifice, nous permettra d'en donner une connaissance plus exacte sous tous les rapports; ce sera l'objet de la seconde partie de cet ouvrage.

[3] Mazois, *Ruines de Pompéi*, part. III, pl. XIV.

répéter de chaque côté. Les pièces n°ˢ 17, 18, 19 et 20, ouvertes sur la cour, et qui ne tiraient que de cette cour même le jour dont elles étaient éclairées, étaient autant d'appartemens destinés à l'usage particulier, soit des maîtres de la maison, soit des hôtes ou étrangers. En face de l'entrée de l'Atrium, se présente, n° 8, le *Tablinum,* espèce de salon, ouvert, de deux côtés, sur chacune des deux cours découvertes qui composent toute l'habitation, et ordinairement flanqué, sur les deux autres côtés, de corridors longs et étroits, qui se nommaient *Fauces,* et qui servaient de communication entre l'*Atrium* et le *Péristyle.* Il n'existe ici qu'un seul de ces passages, n° 7; et le second est remplacé par une chambre à coucher, n° 16, qui communique par une porte avec le *Tablinum,* et qui avait une fenêtre ouverte sur la rue, particularité rare dans les maisons antiques. De cette pièce principale, on entre dans le *Péristyle,* n° 9; c'est un portique formé de sept colonnes, dont deux engagées, renfermant un *Impluvium,* et, dans le fond, n° 11, un *Lararium,* ou chapelle des dieux domestiques, petit monument d'un goût exquis, et d'un genre absolument neuf jusqu'ici. A droite du *Péristyle,* s'ouvre, n° 12, une des pièces les plus vastes et les mieux décorées de l'habitation, que nous appellerons l'*Exedra,* ou salon de conversation. De l'autre côté, n°ˢ 14 et 15, sont deux chambres, dont l'une a dû servir de lieu de repos, et l'autre de cabinet d'étude ou de *bibliothéque,* ainsi qu'il résulte de la nature même des peintures qui les décorent: ces deux chambres ont pareillement une fenêtre sur la voie publique. Le corridor qui se voit du même côté, n° 10, et qui aboutit à une porte sur l'autre rue, est certainement le *Posticum,* ou partie de derrière, laquelle devait nécessairement se trouver dans toute habitation tant soit peu complète et commode, mais qui ne s'est rencontrée que rarement dans ces petites maisons de Pompéi. La *Cuisine,* garnie de ses fourneaux, n° 13, est placée dans un des angles du *Péristyle,* le long de l'*Exedra,* et communique à la salle à manger, ou *Triclinium,* n° 21.

Telle est l'explication sommaire du plan de cette maison. Ajoutons qu'il ne s'y est rencontré de traces d'escalier, que dans l'angle de l'*Atrium,* contigu à la chambre n° 19. Cet escalier conduisait-il à un étage supérieur, où devaient se répéter quelques unes des pièces disposées autour de l'*Atrium?* C'est ce que l'on a cru pouvoir inférer de quelques fragmens de mosaïque d'une exécution soignée, provenant, suivant toute apparence, du pavé de cet étage supérieur, et qui se sont trouvés, lors de la découverte de cette maison, mêlés aux décombres qu'avait occasionnés la chute des plafonds[1]. Mais la manière dont cet escalier unique était placé dans un angle de l'*Atrium,* et construit en bois[2], ne permet guère de croire qu'un second ordre d'appartemens ait pu régner sur toute l'étendue de cette maison; et peut-être l'escalier en question n'aboutissait-il qu'à une terrasse sur le devant de l'*Atrium,* où l'on aurait ménagé une ou deux pièces propres à respirer le frais, et servant au repas du soir, pièces que l'on nommait, à raison de cet usage, *Cœnatio,* ou *Cœnaculum,* et aussi *Pergula,* à cause de la saillie en avant de l'habitation, et au-dessus de la voie publique, que l'on donnait quelquefois à cet étage supérieur.[3]

Reprenons maintenant en détail chacune des parties que nous venons d'indiquer, afin de relever ce qu'elles peuvent nous offrir de neuf ou d'intéressant pour la connaissance des mœurs et des usages antiques, comme aussi pour l'intelligence de quelques notions architectoniques qui ne sont pas encore suffisamment établies.

Nous remarquerons d'abord que, nulle part peut-être, la distinction des deux principaux membres d'une habitation antique, c'est à savoir, la partie patente et publique, et la

---

[1] C. Bonucci, *Pompei descritta,* p. 121.

[2] Il n'existe dans le mur aucune trace de scellement qui indique que l'escalier y ait été implanté; la peinture seule montre d'une manière indubitable la direction que suivait le rampant de cet escalier. Ce ne pouvait donc être qu'une espèce d'échelle appliquée contre la muraille; d'où il suit qu'un genre d'escalier si peu commode, et d'ailleurs unique, ne pouvait conduire à un second étage, comme on l'a supposé.

[3] Festus, *v. Cœnacula;* Varron. *de Ling. Lat.* lib. IV, c. 33; Vitruv. *de Architect.* lib. II, c. 8; Senec. *de Provident.* c. 4, et *Consol. ad Helv.* c. 9. Servius distingue, *ad Æneid.* I, 702, le *triclinium,* salle à manger du rez-de-chaussée, d'avec la *cœnatio,* pièce à l'étage supérieur où se prenait le repas du soir. L'idée primitive attachée au mot *Pergula,* employé quelquefois comme synonyme de *cœnatio,* est celle d'un balcon de l'étage supérieur, Petron., *Fragm.* c. 74.

MAISON DU POÈTE TRAGIQUE.

partie intérieure et privée, ne s'est montrée d'une manière plus sensible que dans la maison qui nous occupe. Effectivement, elle se divise en deux moitiés presque égales, dont la première, tournée vers la rue principale, embrasse, dans le corridor d'entrée et l'*Atrium*, avec leurs dépendances, tout l'espace où le public pouvait pénétrer, où les hôtes et les étrangers étaient admis ; et dont la seconde, placée dans le prolongement de celle-ci, ayant son issue particulière et sa porte sur une autre rue, renferme les appartemens de l'usage le plus intime, ceux qui étaient exclusivement affectés au service du maître de la maison. Sous le rapport de cette disposition remarquable, notre maison est certainement un des modèles les plus frappans qu'on pût trouver.

La porte, dépourvue de toute espèce de décoration extérieure, n'est précédée ni d'un vestibule, ni d'un portique, parties qui ne pouvaient se trouver, de l'avis de Vitruve[1], que dans les maisons grandes et opulentes. Cette porte donne immédiatement accès au corps-de-logis antérieur, qui se compose d'un long corridor, flanqué de deux grandes pièces, lesquelles s'ouvrent en dedans sur ce corridor, et en dehors sur la voie publique. Nous appellerons cet avant-corps *Prothyron*, et le corridor qui le traverse, *Thyrorion* ou *Diathyron*, d'après le témoignage exprès de Vitruve, qui ne nous paraît, sur ce point, sujet à aucune difficulté[2]. Il y en a davantage, du moment que, comparant les dispositions des maisons grecques et romaines, avec les expressions techniques qui les désignent, on veut appliquer à la partie située *au-devant de la porte* et nommée, pour cette raison, *Prothyron* par les Grecs, la notion du *vestibule* des Romains. Ainsi, M. Mazois, dans son *Essai sur les habitations des anciens Romains*, distingue expressément le *vestibule*, qu'il place sur l'*Area*, *en avant de l'habitation*, il le distingue, dis-je, *du Prothyron*, dont il fait *la partie comprise entre la porte de l'édifice vers la voie publique et celle de l'Atrium.*[3] Mais cette distinction est évidemment contredite par les paroles mêmes de Vitruve; et nous pensons que, dans le plus grand nombre des cas, c'est-à-dire dans la plupart des maisons ordinaires, le *vestibule* des Latins était en effet la même chose que le *Prothyron* des Grecs. Seulement, il faut avoir soin de ne pas presser avec trop de rigueur la signification des mots, de ceux surtout qui, étant d'un usage journalier, comme le mot *vestibule*, devaient nécessairement s'employer, dans le cours ordinaire de la vie, pour une foule de dispositions qui n'étaient pas absolument identiques. C'est une observation judicieuse que fait Aulu-Gelle, précisément au sujet de ce mot de *vestibule*, dont la notion avait fini par devenir, pour les Romains eux-mêmes, vague et confuse, à force de leur être familière[4]. Or, voici ce qui me semble résulter de plus certain, à cet égard, tant de l'examen des

---

[1] Vitruv. *de Architect.* lib. VI, c. 8.

[2] C'est ce qui résulte de ces deux passages de Vitruve, *ibid.* VI, c. 10 : *Hic autem locus inter duas januas græcè θυρωρεῖον appellatur;* et : *Item* Prothyra *græcè dicuntur, quæ sunt ante januas vestibula; nos autem appellamus* Prothyra *quæ græcè dicuntur* Διάθυρα. La définition que Pollux, *Onomast.* I, VIII, §. 77, donne du *Prothyron*, et qu'il éclaircit encore à l'aide des mots Πρόδομος et Προαύλιον, ne laisse aucun lieu de douter que cette partie de l'habitation, essentiellement grecque de nom et de forme, ne répondît à l'ensemble des localités marquées 1, 2 et 3, sur le plan de notre maison de Pompéi. Ces notions deviennent encore plus claires, quand on les rapproche des descriptions si pittoresques et si précises d'Homère. Ainsi, lorsqu'il nous représente Télémaque et son compagnon de voyage, entrant, sans descendre de char, jusque dans le *vestibule* de la maison de Ménélas, c'est par le mot *Prothyra* qu'il désigne cette partie antérieure de l'habitation, *Odyss.* IV, 20. C'est aussi qu'il place la petite cellule du *portier* de Ménélas, τὸ τοῦ πυλωροῦντος οἴκημα, comme l'appelle Pollux, *Onomast.* I, 8, 77, laquelle n'avait pas changé de place au temps de Pétrone, *Sat.* c. 29 : *Ad sinistram enim intrantibus, non longè ab ostiarii cella*, etc. Il n'est pas douteux que le portier, de quelque habitation que ce fût, grande ou petite, n'eût son logement sous ce vestibule; et l'on en aurait au besoin une preuve positive dans une épigramme curieuse de Callimaque (la XXXII*, du recueil de Brunck, *Analect.* t. I, p. 468), où je remarque ce vers : *Ἴδρυμαι μικρῷ μικρὸς ἐνὶ προθύρῳ*. D'autres témoignages, à l'appui d'un usage semblable, ont été recueillis et expliqués par l'illustre Visconti, *Mus. P. Clément.* t. V, p. 134 et 182, éd. de Milan, et, dans tous ces passages, la notion du *Prothyron* s'explique d'une manière uniforme. On voit, d'après cela, combien M. Quatremère de Quincy s'en était fait une idée peu exacte, lorsque dans son *Dictionnaire d'Architecture*, ouvrage rempli d'ailleurs de tant de notions justes et importantes, il explique, au mot *Prothyrum*, son synonyme latin, *Diathyron*, par *porte battante*.

[3] Mazois, *Ruines de Pompéi*, II° partie, p. 18-19.

[4] Aul. Gell. *Noct. attic.* XVI, 5 : *Pleraque sunt vocabula, quibus vulgò utimur, neque tamen liquidò scimus quid ea propriè atque verè significent; sed incompertam et volgariam traditionem rei non exploratæ secuti videmur magis dicere quod volumus, quam dicimus, sicuti est vestibulum, verbum in sermonibus celebre atque obvium, non omnibus tamen, qui illo facilè utuntur, satis spectatum.* Ce passage a été textuellement copié, et presque sans y changer un seul mot, par Macrobe, *Saturnal.* lib. VI, c. 8 : ce qui n'est pas, du reste, le seul emprunt du même genre qu'on trouve dans cet auteur.

textes, que de l'observation des monumens. Dans les grandes maisons des Romains, où une foule considérable de cliens venaient chaque matin saluer le maître du logis, il y avait nécessairement, en avant de l'habitation, un espace libre, interposé entre la voie publique et la porte intérieure; et c'est cet espace, probablement entouré d'un portique, et dans lequel les cliens pouvaient attendre que la porte de l'*Atrium* s'ouvrît à leurs empressemens intéressés, qui s'appelait le *vestibule*, suivant la définition claire et précise qu'en donne le jurisconsulte Cæcilius Gallus, cité par Aulu-Gelle[1]. Mais, dans le plus grand nombre des maisons particulières, surtout dans celles des villes de province, où la même foule de visiteurs n'assiégeait pas dès l'aurore la porte de chaque citoyen, le *vestibule*, quand il y en avait, consistait en une ou deux pièces situées à côté de la porte et du corridor d'entrée, et qui pouvaient servir à divers usages, soit civils, soit économiques. De ces deux dispositions principales, variées sans doute à l'infini, suivant les habitudes de chaque localité, ou les ressources de chaque individu, il existe encore plus d'un exemple authentique. Ainsi, plusieurs des maisons religieuses de la plus ancienne époque, au sujet desquelles il a souvent été remarqué, et avec raison, qu'elles nous avaient conservé la plupart des dispositions des maisons antiques[2], nous offrent, notamment à Rome, en avant de la fabrique principale, une espèce de cour, *cortile*, fermée d'un simple mur du côté de la rue, avec une porte qui donne entrée au monastère ou à l'église. Je citerai particulièrement le *cortile* placé au-devant de Saint-Paul hors des Murs, et surtout ceux qui se trouvent à Saint-Clément et à Sainte-Praxède, et qui portent plus sensiblement l'empreinte d'une disposition primitive[3]. Quant à la seconde espèce de vestibule, on en trouve de si fréquens exemples dans la disposition des maisons romaines de notre âge, évidemment calquée sur le plan des habitations antiques, qu'il est superflu d'en citer un seul, lorsque, d'ailleurs, plusieurs des maisons de Pompéi, et, en particulier la nôtre, nous présentent un modèle si parfaitement caractérisé de cette espèce de *vestibule* que j'ai appelé *Prothyron*. Je n'ajouterai plus qu'un mot à ce sujet : c'est qu'il semble résulter des expressions mêmes de Vitruve, que cet avant-corps de logis, traversé d'un corridor étroit, était, dans le principe, une disposition grecque plutôt que romaine[4]; ce qui s'accorde avec le grand nombre d'exemples semblables que nous ont offerts les maisons de Pompéi, ville qui ne perdit jamais, sous la domination romaine, son caractère de cité originairement grecque, et dont tous les monumens portent visiblement l'empreinte de cette double influence.

Quant à l'usage même des deux pièces parallèles qui forment, avec le corridor d'entrée, cette espèce de *Prothyron*, il est évident, d'après la simplicité même de leur décoration, et surtout d'après l'ouverture qu'elles ont sur la voie publique, qu'elles servaient à la vente des denrées provenant de la récolte du propriétaire[5]. Une disposition pareille, qui s'est rencontrée dans un assez grand nombre des maisons de Pompéi, prouve

---

[1] Cæcil. Gallus, *apud* Aul. Gell. *loc. supr. laud.* : *Vestibulum* non in ipsis ædibus, neque partem ædium, sed locum ante januam domûs vacuum, per quem aditus accessusque ad ædes est, quum dextra sinistraque januarum tecta sunt viæ juncta; atque ipsa janua procul viâ est area vacanti intersita. Ces dernières paroles, qui ne sont pas tout-à-fait exemptes d'obscurité, s'éclaircissent par la manière dont Macrobe les reproduit en les copiant : ipsa enim janua procul a viâ fiebat, area intersita, quæ vacaret.

[2] Marquez, *Delle Case di città degli antichi Romani*, §. 9, p. 7 et 8.

[3] Marquez, au même endroit, §. 11, p. 9 et 10.

[4] Vitruve. *de Architect.* lib. VI, c. 10 : Ab januâ introeuntibus itinera faciunt (Græci) latitudinibus non spatiosis, et ex unâ parte equilia, ex alterâ, ostiariis cellas, statimque januæ interiores finiuntur. Ces *itinera*, longs et étroits, des grandes maisons grecques, répondent, toutes proportions gardées, au *corridor d'entrée* de notre maison de Pompéi, et l'ensemble de cette localité se retrouve dans un passage de Varron, sous un nom tout nouveau, dont on n'a encore donné aucune explication ; c'est dans la définition du *Cavædium*, que se lisent, *de Ling. Lat.* lib. IV, ces paroles : *post Pisodion patulus*; c'est-à-dire, *après le Pisodium vient l'endroit découvert*, ou, en d'autres termes, *après l'Atrium*. Le P. Marquez, d'après une étymologie tout-à-fait ridicule du mot *Pisodion*, qu'il fait venir de πίσος, pré, et ὁδός, chemin, interprète ce mot par *la voie publique*. Mais le mot latinisé, plutôt que latin, *Pisodion*, n'est que le mot grec Ἐπιισόδιον, qui signifie en général toute partie ajoutée, et qui, appliqué à un membre d'habitation, ne peut signifier que la partie antérieure d'une maison, celle qui, dans le passage même de Varron, introduit dans l'*Atrium*, et doit être conséquemment regardée comme l'équivalent du *Vestibule* ou du *Prothyron*. Du reste, je remarque que le mot *Pisodion* de Varron ne se trouve dans aucun lexique, et que M. Quatremère de Quincy n'en a fait non plus aucune mention dans son *Dictionnaire d'Architecture*.

[5] Vitruve nous fournit lui-même, *Architect.* lib. VI, c. 8,

que cette coutume, tout-à-fait conforme au génie antique, était établie dans cette petite ville, comme on la retrouve encore de nos jours dans beaucoup de villes du royaume de Naples, mais principalement à Florence [1].

Entrons maintenant dans la maison qui nous a suggéré ces observations préliminaires. Dès le premier pas que nous y faisons, sur un charmant pavé de mosaïque, pl. 17, nous y sommes frappés d'un objet qui nous rappelle la maison du riche et ridicule Trimalcion, si curieusement décrite par Pétrone. D'autres points de comparaison qui s'offriront plus tard à notre attention, exigent que nous jetions un coup d'œil sur cette maison, qui présente, avec celle de notre *poète* de Pompéi, de si frappans rapports. Voici donc la description qu'en fait Pétrone [2].

« Nous étions arrivés à la porte, sur le seuil de laquelle le portier, vêtu d'une tunique
« verte avec une ceinture rouge, était occupé à vanner des pois sur un bassin d'argent.
« Au-dessus de la porte pendait une cage d'or, d'où une pie, au plumage diversement
« coloré, saluait à tous momens les hôtes de la maison. Cependant, au moment où je
« contemplais avec le plus d'intérêt tout ce qui s'offrait à mes regards, je faillis être
« renversé en arrière, et me rompre les jambes, à l'apparition inattendue d'un énorme
« chien, enchaîné à gauche de l'entrée, tout près de la loge du portier, et peint sur le
« mur, avec cette inscription en gros caractères : PRENDS GARDE AU CHIEN, *cave canem.*
« Mes compagnons s'étaient mis à rire; et moi, quand j'eus repris mes sens, je continuai
« d'examiner la muraille. On y voyait représenté, en peinture, un marché d'esclaves,
« avec toute l'histoire de Trimalcion, soigneusement expliquée par des inscriptions....
« Vers l'extrémité du portique, j'aperçus, dans un angle, une grande armoire [3] renfer-
« mant une *édicule*, dans laquelle étaient déposés des lares d'argent, une petite Vénus
« en marbre, et une cassette d'or, d'une dimension peu commune, où se gardait pré-
« cieusement, à ce qu'on disait, la barbe du maître. Cependant, je demandai à l'esclave
« chargé de la surveillance de l'Atrium quels étaient les sujets des peintures que je
« voyais au milieu du portique; ce sont, me dit-il, l'Iliade et l'Odyssée, et plus loin un
« combat de gladiateurs livré par la compagnie de Lænas. Je n'avais pas le temps de con-
« sidérer chaque chose en détail; nous étions arrivés au Triclinium, etc. » Arrêtons-
nous nous-mêmes à cet endroit du récit de Pétrone.

C'est effectivement, à gauche de l'entrée, tout près de la porte, que nous voyons, peint, non pas sur le mur, mais en mosaïque, sur le pavé même, un énorme chien enchaîné, avec cette même inscription : CAVE CANEM, *prends garde au chien*. L'usage de placer ainsi, comme gardiens des maisons, des chiens vivans, tels que celui qui intervient comme acteur dans une jolie fable de Phèdre [4], ou simplement figuré, comme dans la maison de Trimalcion et dans la nôtre, cet usage était grec, et remontait même aux siècles homériques, à en juger par la description du palais d'Alcinoüs, *sur le seuil duquel figuraient, de chaque côté de la porte, des chiens sculptés d'or et d'argent*. Le plus souvent, la simple inscription CAVE CANEM tenait lieu du chien lui-même, ou de son image [5]; et il semblait ainsi au plus pauvre citoyen qu'il eût suffisamment pourvu, par cette innocente menace, à la sûreté de sa modeste demeure.

---

[1] Qui autem fructibus rusticis serviunt, in eorum vestibulis, stabula, *Tabernæ*. Les deux pièces dont il s'agit sont donc des *Tabernæ*, ou pièces destinées à la vente des grains, fruits et autres denrées du propriétaire. Il y avait, outre cette espèce de boutique, un lieu servant de magasin à fruits, et nommé, à raison de cela, *oporotheca*, Varro, *de Re Rust.*, I, 59, tel que paraît avoir été la pièce marquée 22, sur notre plan.

[1] Bonucci, *Pompei descritta*, p. 100; *Museo real Borbonico*, t. II, tav. LV, p. 5; Mazois, *Ruines de Pompéi*, IIe partie, p. 43, 51, et ailleurs.

[2] Petron. *Sat.*, c. 29.

[3] Il paraît que le *Laraire* de Trimalcion était recouvert de *volets de bois*; c'est ce que l'auteur latin indique par les mots grande *armarium*. Généralement, ces *armoires* avaient la forme de l'édicule elle-même, c'est-à-dire celle d'un petit temple à fronton; c'est ce qui résulte des expressions par lesquelles Polybe, *Hist.* VI, 53, désigne les *armoires de bois*, ξύλινα ναΐδια, dans lesquelles se plaçaient les images des ancêtres, et du témoignage d'une inscription, où il est question d'un *Armarii distegi*, Gruter, CCCLXXXIII, 4.

[4] Phædr. *Fabul.* III, 7.

[5] C'est ce que prouve ce passage de Varron, cité par Nonius, au mot *Præbitio* : Quod eo die mea erat præbitio, in januam CAVE CANEM inscribi jubeo. Le proverbe grec : Εὐλαϐεῖσθαι τὸν Κύνα, avait évidemment rapport au même usage.

Du corridor, à l'entrée duquel nous avons trouvé cette représentation neuve et curieuse, et dont les parois sont décorées avec une richesse peu commune, et ornées de petits médaillons peints sur fond jaune embelli d'arabesques, nous entrons dans l'Atrium, d'où la vue, pénétrant sans obstacle jusqu'au fond de l'habitation, peut en embrasser d'un seul coup d'œil la disposition entière, en même temps qu'elle est attirée et flattée dans tous les sens par l'éclat et la vivacité des peintures dont elle est décorée d'un bout à l'autre. La vue perspective que nous offrons sous le n° 4, peut donner une idée de l'effet que produit cette première manifestation d'une maison antique. Mais, avant d'aller plus loin, arrêtons-nous un moment dans l'*Atrium*.

Les notions qu'on possédait sur cette partie si importante et si caractéristique des maisons romaines, sont demeurées confuses ou incertaines jusqu'à l'époque des découvertes faites à Pompéi. Les fragmens du plan de Rome antique, conservés au Capitole et publiés par Bellori[1], auraient pu fixer les idées sur quelques points, où les expressions de Vitruve n'étaient pas suffisamment claires et précises; mais on consultait peu ce précieux document. Palladio avait deviné la forme, la construction et les principales parties de l'Atrium antique, et il en fit plus d'une fois aux édifices modernes la plus heureuse application. Mais ce qui n'était de sa part qu'une sorte d'instinct du génie n'avait pu acquérir l'autorité de la chose jugée; et les idées étaient encore si peu fixées sur ce point, même en Italie, où tant d'édifices de tout âge témoignent encore hautement de l'origine antique de certaines dispositions, que le savant P. Marquez, écrivant à Rome, vers la fin du dernier siècle, un traité sur les anciennes maisons des Romains, sans tenir le moindre compte des découvertes de Pompéi, acheva d'embrouiller le peu de notions antiques qu'on avait pu puiser dans Vitruve.

Il suffit maintenant de comparer le plan de la plupart des maisons de Pompéi avec les expressions de Vitruve[2], de Festus[3] et de Varron[4], qui ont rapport à l'*Atrium* et à ses différentes variétés, pour s'expliquer d'une manière nette et certaine la disposition de l'*Atrium* en général, et la forme des diverses espèces d'*Atrium* en particulier. Il est évident que le mot *Atrium*, pris dans l'acception la plus étendue, qui était aussi la plus générale, désignait toute cette partie de l'édifice placée entre le vestibule et les appartemens intérieurs, laquelle comprenait nécessairement une cour découverte et quelques dépendances, savoir : les chambres placées sous le portique, les *ailes*, et quelquefois même le *Tablinum*. Cette cour, en tant que restreinte à l'espace libre par lequel l'air y pénétrait, était proprement le *Cavædium*, partie intégrante et nécessaire de tout *Atrium*, et, sous ce rapport, devenue en certains cas synonyme d'*Atrium*; ainsi qu'il arrive souvent pour les mots usuels auxquels on fait signifier le tout pour la partie, et réciproquement. L'ouverture du toit par laquelle les eaux pluviales se versaient dans cette cour intérieure, au moyen de diverses dispositions qui constituaient les différentes espèces de Cavædium et d'Atrium, cette ouverture s'appelait le *Compluvium*, et le bassin dans lequel les eaux étaient reçues se nommait l'*Impluvium*, deux mots dont la notion, aussi distincte que leur formation même[5], a été souvent confondue par les écrivains modernes[6], mais jamais, à ce que je crois, par les auteurs anciens[7], à en juger d'après les textes qui nous restent. Feu M. Mazois a parfaitement éclairci ces

---

[1] *Ichnograph. veter. Rom.* 1764, in-fol. Voyez principalement la planche XXI.
[2] *Vitruv. de Architect.* lib. VI, c. 3 et 4.
[3] *Festus, v. Atrium.*
[4] *Varron. de Ling. Latin.* lib. IV, c. 33.
[5] Il ne se peut rien voir de plus clair et de plus précis à cet égard, que la définition de ces deux mots, telle que la donne Varron : Si relictum erat (spatium) in medio ut lucem caperet, *deorsum* quò impluebat *Impluvium* dictum, et *sursum* quà compluebat, *Compluvium.*

[6] Ainsi, M. Quatremère de Quincy, dans son *Dictionnaire d'Architecture*, au mot *Compluvium*, admet, d'après l'autorité du seul Vitruve, que ce mot soit susceptible de divers sens, entre autres de ceux de *citerne*, d'*auvent*, de *gouttière*, d'*égout*. Il y a certainement plus d'une méprise de mots et de choses dans de pareilles interprétations. J'observe encore que le mot *impluvium*, auquel renvoie M. Quatremère pour une explication plus complète, a été omis dans son Dictionnaire.
[7] Cette assertion ne doit pas être prise à la rigueur. Des termes techniques dans le principe, tels que ceux d'*implu-*

notions, si ce n'est en ce qui concerne la distinction radicale et positive du *Cavœdium* et de l'*Atrium*, deux expressions qu'il croit synonymes, et, comme telles, employées indifféremment l'une pour l'autre¹, ce qui n'est pas conforme à l'usage primitif, non plus qu'à l'origine des mots, et ce qui ne put avoir lieu que par un de ces abus auxquels sont trop souvent exposés les termes techniques, quand ils passent dans la langue générale.

Nous avons un nouvel exemple de ces abus du langage, dans l'emploi de ce même mot d'*Atrium*, dont Vitruve distingue cinq espèces particulières. Mais combien ne dut-il pas exister de dispositions auxquelles s'appliquait, dans l'usage général, la dénomination d'Atrium, et qui ne s'accordent avec aucune de celles que décrit Vitruve? Certainement l'*Atrium* de la maison de Catilina sur le Palatin, où le rhéteur Verrius Flaccus avait transporté son école²; l'*Atrium* de la maison dorée, où Néron avait dressé son énorme colosse³; l'*Atrium de la Liberté*, que nous voyons figuré sur le plan de l'ancienne Rome, à l'extrémité de la basilique Æmilia⁴, sous la forme de cette partie qu'on nommait abside dans les basiliques anciennes; et sans doute bien d'autres *Atriums* qui existaient à Rome et ailleurs, et dont nous ne pouvons nous former, dans l'absence des monumens eux-mêmes, qu'une idée fausse ou imparfaite, devaient être disposés d'une manière toute différente de celle qui résulte des définitions de Vitruve. Ici, comme en beaucoup d'autres cas semblables, les catégories de l'écrivain sont en opposition avec l'observation des monumens, et l'on sent que cet habile homme, en rédigeant les préceptes de son art, s'était renfermé dans des limites trop étroites, ou placé dans des vues trop systématiques.

Il en est de même de cette autre assertion de Vitruve, que *les Grecs ne faisaient point usage de l'Atrium*⁵, assertion si positive, si absolue, qui a été jusqu'ici admise universellement sur la seule autorité de cet écrivain. Mais n'est-il pas manifeste qu'ici encore l'on s'est plus attaché au mot qu'à la chose, et qu'en fait les Grecs avaient dans leurs habitations une localité parfaitement analogue à l'*Atrium* des Latins, bien qu'ils l'appelassent d'un nom différent? Que pouvait être en effet cette *cour découverte*, nommée Αὐλή, placée, avec toutes ses dépendances, entre la voie publique et la partie intérieure de l'habitation, sinon un avant-corps de logis correspondant de tout point à l'Atrium? Cette cour était certainement comprise *en dedans* de l'habitation⁶; elle était entourée de portiques et d'appartemens réservés aux hôtes, puisque c'est là que Ménélas fait dresser le lit de Télémaque et de son compagnon de voyage⁷; on y arrivait du dehors par le *Prothyron*, et du dedans, par les appartemens intérieurs: ce qui résulte de la description de la maison de Ménélas et de celle d'Ulysse⁸; aussi, la porte sur la rue s'appelait-elle Αὔλιος, et celle qui séparait l'appartement des hommes de celui des femmes, Μέσαυλος, comme nous l'apprenons de l'orateur Lysias, dans la description si curieuse qu'il nous a laissée d'une petite maison athénienne de son temps⁹. C'était dans cette même cour que se trouvait l'autel de Jupiter Hercæus, dans le palais de Priam¹⁰, comme l'autel domestique, Ἑστία, dans la plupart des maisons grecques, et comme le *Laraire* était généralement placé dans l'*Atrium* des Latins. Toutes ces conditions communes à l'Atrium romain et à la partie d'édifice nommée Αὐλή par les

---

vium et de *compluvium*, n'ont pu être toujours employés, dans le langage général, d'une manière absolument conforme à leur signification architectonique. Ainsi, dans un passage de Térence, qui sera cité plus bas, le mot *impluvium* est pris pour *compluvium*; et dans une phrase de Suétone, *in August.* c. 92, où il est question du *compluvium* du temple des Pénates, ce mot est bien certainement mis pour l'*Atrium* tout entier, ou tout au moins pour l'*impluvium*.

¹ Mazois, *Ruines de Pompéi*, part. II, p. 22.
² Sueton. *libr. de Grammat.* c. 17.
³ Sueton. *Neron.* 31.
⁴ *Ichnograph. veter. Rom.* tav. VI; conf. Ciceron. *Epistol. ad Attic.* II, 34.
⁵ Vitruv. lib. VI, c. 10: Græci *Atria* non habebant.
⁶ Homer. *Odyss.* IV, 74; conf. Athen. *Deipnosoph.* V, 14.
⁷ Homer. *Odyss.* IV, 297, 302.
⁸ Conf. Homer. *Odyss.* IV, 20, et XXII, 375.
⁹ Lys. *Apolog. de cæd. Eratosthen.* p. 20-21, ed. Reiske.
¹⁰ Homer. *Odyss.* XXII, 334; conf. Athen. *Deipnosoph.* V, 15.

Grecs[1], prouvent irrésistiblement qu'il s'agit ici, sous deux noms différens, d'une seule et même localité, disposée sans doute avec les différences de détail que comportaient les habitudes sociales des deux peuples, mais d'une manière assez semblable quant à la forme générale. Ajoutons que Virgile et les poètes latins ne se servent jamais que du mot *Atrium* pour désigner des localités grecques qui répondaient certainement à la cour intérieure et découverte nommée Αὐλή[2]. On a pu faire la même remarque sur tous les passages de l'Écriture sainte, où le mot grec Αὐλή des Septante est constamment rendu par le mot latin *Atrium*, dans la version de la Vulgate[3]; et c'est enfin la notion qui résulte indubitablement de la définition claire et précise de Pollux.

Je profiterai de cette occasion pour expliquer un passage du même auteur, qui ne semble pas avoir été bien compris, et qui, interprété comme il doit l'être, et appliqué à la partie d'édifice dont il s'agit, devient une preuve tout-à-fait décisive de l'exacte conformité qui existait entre l'*Atrium* et l'*Aulé*. Dans le chapitre où Pollux énumère et explique les divers termes qui avaient rapport aux portes des maisons grecques, à la manière de les ouvrir ou de les fermer[4], il cite le mot ὀπή, employé dans un vers d'une comédie perdue d'Aristophane; et par ce mot ὀπή, qu'il ne définit pas, les interprètes ont généralement entendu le *jour*, *l'ouverture de la porte*. Mais il s'agit en effet d'une ouverture dans le comble du toit, c'est-à-dire de celle de la cour intérieure, Αὐλή, ainsi qu'il résulte d'un autre passage d'un poète comique cité par Athénée[5], où il est dit que, pour trouver (à Athènes) des femmes jeunes et belles, il n'est pas nécessaire de s'introduire en secret dans la maison par une échelle, ni de s'y glisser jusqu'en bas, en passant *par l'ouverture du toit*. La même image a été presque littéralement traduite par Térence, dans ce passage d'une de ses comédies gréco-romaines[6] :

> Atque per alienas tegulas
> Venisse *per impluvium* clanculum mulieri,

passage où les mots *per impluvium* correspondent exactement aux paroles du poète grec que j'ai traduites par *l'ouverture du toit*. L'ὀπή des Grecs répondait donc juste à l'*Impluvium* des Latins; et par une conséquence inévitable, l'*Aulé*, ou *cour découverte* des maisons grecques, occupait la même place, et offrait la même disposition, que l'*Atrium* des maisons romaines.

Pour revenir à l'*Atrium* de notre maison de Pompéi, il est du genre que Vitruve désigne par l'épithète de Toscan, qui était, selon cet auteur, le plus ancien et le plus simple. C'était celui dont la toiture, inclinée des quatre côtés vers le centre de la cour,

---

[1] Il résulte des passages cités par Athénée, *Deipnos.* V, 15, et de la discussion où il entre à ce sujet, que la *cour*, nommée Αὐλή, était ouverte par le haut, διαπνεόμενος τόπος; qu'elle était fermée de murs sur les côtés, Αὐλῆς ἐν χόρτῳ, Homer. *Iliad.* XI, 733, Αὐλῆς ἐν χόρτοισι, Homer. *Il.* XXIV, 640. Cette cour était entourée de portiques formés par des colonnes, *Pollux*, *Onomast.* I, §. 78. Les hôtes y avaient leur logement. Comment ne pas reconnaître, à tous ces traits, l'*Atrium* des Romains, sous un nom grec?

[2] Virgil. *Æneid.* II, 483; Ovid. *Heroid.* XVI, 184, et *Metamorph.* XIV, 9.

[3] Voyez entre autres, S. Luc, c. XX, §. 55. Le mot *Atrium* s'employait souvent chez les Romains pour désigner la maison entière; il en était de même du mot Αὐλή chez les Grecs; cela résulte des passages des Comiques cités par Athénée, lib. V, c. 15 : nouveau trait d'analogie entre ces deux localités, qui ne permet pas d'en méconnaître la disposition semblable.

[4] Pollux, *Onomast.* lib. X, §. 25 : Ἡ δὲ ὀπὴ εἴρηται ἐν Αἰολοσίκωνι Ἀριστοφάνους, καὶ δι' ὀπῆς κἀπὶ τέγους; sur quoi Kühn fait cette remarque : Foramen et rima januæ intelligitur. Il est manifeste au contraire, d'après le rapprochement des mots : δι' ὀπῆς et κἀπὶ τέγους, qu'il s'agit de l'*ouverture du toit*. C'est ce qu'achève de démontrer le passage cité dans la note suivante.

[5] Xenarch. apud. Athen. *Deipnosoph.* XIII, 24 : Μηδὲ δι' ὀπῆς κάτωθεν ἐκδῦναι στέγης. Le rapprochement de ce passage avec celui qui a été précédemment cité, ne laisse aucun lieu de douter que l'ouverture pratiquée dans le toit de la cour ne se nommât ὀπή, et qu'elle ne répondît absolument à ce que l'on nommait *compluvium* dans l'*Atrium* des maisons romaines, et non pas à une *fenêtre*, comme l'ont cru les interprètes d'Athénée. Je profite de cette occasion pour confirmer l'explication que j'ai donnée dans mon Recueil de *Monumens inédits*, p. 36, note 1, d'un passage d'une inscription grecque, où se trouvait le mot ὀπῆς, qui n'y avait été ni reconnu, ni compris, par le premier interprète de cette inscription, le savant M. Schelling. Un autre savant dont l'amitié m'honore, M. Ott. Müller, avait déjà proposé de son côté la même explication, dans ses *Æginetica*, p. 160; et bien qu'elle ait été contestée par M. Böckh, je ne crois pas qu'en la rapprochant des passages d'Athénée cités plus haut, elle puisse rester encore l'objet d'une difficulté sérieuse.

[6] Terent. *Eunuch.* III, 5, 587-8.

était soutenue par quatre poutres se croisant à angles droits, sans aucun appui de piliers ou de colonnes[1]. Cette espèce d'Atrium, la plus modeste et la plus économique de toutes, et qui, sous ce double rapport, s'adaptait le mieux à de petites localités et aux modiques ressources d'une ville de province, est aussi celle qui s'est rencontrée jusqu'ici le plus souvent dans les ruines de Pompéi. Mais on l'a retrouvée pareillement sur les fragmens du plan de l'ancienne Rome; et il n'est pas douteux qu'elle ne fût, de toutes les formes de l'Atrium, celle qui s'employait le plus généralement dans les habitations de l'ordre commun.

Du reste, cet humble Atrium, *Atrium frugi*, comme disait Pline le jeune[2], en parlant de celui de sa maison de campagne, est décoré avec un goût et avec un luxe de peintures, qui témoignent que c'était là, malgré l'exiguité du local, la partie de l'habitation que l'on montrait avec le plus de complaisance, et, sans doute, celle où l'on se tenait le plus habituellement. Le pavé de cet Atrium, voyez pl. 20, est tout en mosaïque de petits carreaux de pierre blanche et noire, avec une *grecque* noire autour de l'Impluvium, et une bande noire qui règne tout le long du mur. L'Impluvium est revêtu de marbre blanc. L'Atrium entier, peint sur les quatre côtés, offre un soubassement rouge avec les parois jaunes, et une frise noire avec des ornemens en spirale, où se jouent des animaux capricieux et bizarres. Le stuc, d'une pâte extrêmement fine et parfaitement lisse, est mêlé à sa superficie d'une poussière de marbre, d'où lui venait, avec l'apparence, le poli et l'éclat de cette matière, le nom de *Marmoratum*[3]. L'emploi de ce stuc est si fréquent dans les maisons de Pompéi, l'effet en est si brillant, et la conservation si merveilleuse, que lorsqu'on se représente, avant tous les désastres qu'elle avait éprouvés, cette ville, construite des matériaux les plus grossiers, mais revêtue extérieurement de l'apparence des marbres les plus précieux, et partout resplendissante de l'éclat des plus vives couleurs, partout ornée de peintures d'un effet piquant et d'un goût exquis, il est réellement bien difficile d'imaginer un coup d'œil plus magique, un spectacle plus extraordinaire. Du reste, l'Atrium de notre maison est orné, sur les panneaux de mur les plus considérables, de peintures d'une composition plus étendue, et d'une exécution plus soignée que la plupart de celles qui ont été trouvées jusqu'ici à Pompéi, et qui ont fait donner à cette maison, d'après les sujets mêmes de ces peintures, le nom de *Maison du Poète tragique*, et celui de *Maison homérique*. Voici l'indication de ces peintures, dans l'ordre où elles se présentent, en tournant à gauche dans l'Atrium.

Le premier panneau offre une peinture, malheureusement ruinée aux trois quarts, qui représentait *Vénus* dans l'attitude d'*Anadyomène*, avec deux colombes à ses pieds; ce qui subsiste de cette charmante figure, dessinée, suivant le témoignage de l'interprète du Musée royal Bourbon, *con la più grande maestria*[4], est généralement regardé comme un des plus beaux fragmens de peinture antique. Le tableau qui suit, presque aussi endommagé, laisse encore apercevoir deux figures dessinées dans la même manière, et d'un style aussi élevé, c'est à savoir, un *Triton*, vu par le dos, qui guide sur l'océan un cheval marin, et un petit *Génie* ailé, avec un trident sur l'épaule, guidant pareillement un dauphin[5]. Ces deux peintures, restées en place, et que le temps et l'influence de l'air extérieur auront bientôt dévorées, comme tant d'autres qui s'effacent et disparaissent chaque jour, sont au nombre de celles qui font le plus vivement regretter leur dégradation actuelle et leur perte prochaine. En continuant

---

[1] M. Mazois a parfaitement bien expliqué, p. 22 de son *Essai sur les habitations des anciens Romains*, la forme et la construction de cette espèce d'Atrium, dont il a donné la charpente restaurée, d'après les données fournies par Vitruve, et par le plan de l'ancienne Rome; voyez la pl. III, annexée à cet *Essai*.

[2] Plin. Secund. *Epistol.* II, 17.
[3] Vitruv. lib. VII, c. 6.
[4] G. Bechi, *Real Mus. Borbon.* vol. II, tav. LV, p. 6.
[5] Ce dernier fragment est publié, au trait, mais d'une manière bien peu fidèle, dans le Recueil de M. W. Zahn, *Neu-entdeckte Wandgemälde in Pompeii*, pl. VIII.

de parcourir l'Atrium, on arrive devant un tableau, qui s'est trouvé presque entier, mais dont il ne subsiste déjà plus que l'ombre, et que son sujet et sa composition rendent un des plus précieux parmi tous ceux qui sont venus jusqu'à nous; c'est *Chryséis reconduite à son père par les hérauts d'Agamemnon*, trait célèbre de l'histoire héroïque, qui forme, comme on sait, le commencement de l'Iliade, et dont la représentation ne s'était cependant rencontrée jusqu'ici sur aucun autre monument, si ce n'est sur la table iliaque du Capitole. Cette peinture est pareillement restée en place.

Les peintures qui suivent, sur les deux autres grands panneaux de l'Atrium, représentent *Briséis remise par Achille entre les mains des hérauts d'Agamemnon*[1], et *Junon qui va trouver Jupiter sur le Mont Ida*, ou, suivant une interprétation qui me paraît préférable, *Thétis conduite par Iris devant le maître des Dieux, qui siége sur le plus haut sommet de l'Ida, et qu'elle vient implorer en faveur de son fils*[2]. Ces deux peintures, d'une exécution supérieure à tout ce qui s'est rencontré jusqu'ici sur les murailles de Pompéi, ont été transportées à l'abri de la destruction dans le Musée royal Bourbon; la comparaison qu'on en peut faire avec les meilleures peintures sauvées des ruines d'Herculanum, en fait mieux ressortir le mérite sous le rapport pittoresque, tandis que l'ensemble même de ces trois sujets tirés de l'Iliade, comme les peintures de la maison de Trimalcion, sert à constater de plus en plus l'usage universel et familier qui se faisait, à des époques même de décadence, de ces poésies homériques, source inépuisable d'inventions de toute espèce et d'inspirations pour tous les arts.

Ce n'est pas ici le lieu d'entrer dans les détails d'érudition que comporte l'explication de ces curieuses peintures; c'est uniquement sous le rapport de l'art qu'il pourrait nous convenir de les examiner, en nous attachant surtout à faire connaître les opinions les plus probables sur la manière même dont cette branche de l'art était traitée chez les anciens, ainsi que sur son genre ou son degré de mérite.

Il ne peut être question de comparer ces peintures de Pompéi, ni même aucune des peintures antiques qui nous sont parvenues, avec les beaux ouvrages de l'art moderne. La destination même de ces peintures, qui couvraient des panneaux entiers de murailles, dans toute espèce d'édifice public ou privé, suffit pour prouver que c'était à Pompéi, comme à Rome, un simple objet de décoration, et généralement l'œuvre d'artistes du dernier ordre. La décadence de l'art de peindre, proclamée par Pline[3] comme un fait constant, antérieur même au siècle où il écrivait, et sans doute aussi comme un résultat de cette manie générale de peindre les murailles et de ces procédés expéditifs, partout funestes aux arts qui les adoptent, ne permet pas non plus de croire que la petite et modeste Pompéi, décorée comme elle nous apparaît, entre le siècle de Claude et celui de Titus, ait pu nous conserver sur ses murailles la moindre trace de la peinture des Grecs, telle qu'elle était pratiquée, cinq ou six siècles auparavant, sur son véritable théâtre et par ses maîtres les plus célèbres. Les artistes grecs ne peignirent jamais que sur des *tables de bois*; et les seuls ouvrages exécutés de cette manière jouissaient d'une brillante et solide renommée[4]; c'est un fait qui n'est sujet à aucune contestation, mais qui, cependant, ne doit pas être pris d'une manière tellement absolue, qu'il n'y soit mis la moindre restriction. Ainsi les anciennes peintures qui se voyaient à Ardée et à Lanuvium, étaient bien certainement sur mur, puisque l'insensé Caligula échoua dans la tentative de les détacher de la muraille[5]. Il est question de *murs peints, parietes picti*, par Polygnote, dans un temple de Thespies, et *restaurés* par Pausias[6]. Il est dit aussi du célèbre peintre Panænus, parent et collaborateur de Phidias, que, dans le temple

---

[1] Cette peinture et la précédente ont été publiées et expliquées dans mon Recueil de *Monumens inédits, Achilléide*, pl. XV et XIX.

[2] Voyez Bechi, *Real Museo Borbonico*, vol. II, tav. LIX, p. 1-8; Bonucci, *Pompei Descritta*, p. 114-115.

[3] Plin. *Hist. Nat.* XXXV, 11, 5 : *Artis morientis*.

[4] Plin. *Ibid.* 37, 10 : Sed nulla gloria artificum est, nisi eorum qui *tabulas* pinxère.

[5] Plin. *Ibid.* 6, 3 : Si tectorii natura permisisset.

[6] Plin. *Ibid.* 11, 40 : Pinxit et ipse penicillo *parietes*.

de Minerve à Élis, il avait employé le lait dans la composition d'un enduit[1]; et sans doute il avait peint sur cet enduit. D'autres faits, à la vérité, en bien petit nombre, peuvent être rapportés avec plus ou moins de certitude au même usage, mais toutefois sans qu'on puisse les considérer autrement que comme de rares exceptions au système général de la peinture grecque. L'usage de peindre les murs d'habitations privées est signalé par Pline comme une preuve de la décadence de l'art, et attesté comme un fait postérieur à l'époque d'Apelle et de Protogène. Le premier exemple de ce genre qui ait été donné, remontait à Pausias, condisciple d'Apelle; ce fut cet artiste, célèbre surtout par ses peintures encaustiques, qui peignit le premier des plafonds, genre d'ornemens, ajoute Pline, dont on ne s'était pas encore avisé de décorer des appartemens privés[2]. Mais ce fut surtout à Rome, et sous le règne d'Auguste, que ce luxe de peinture devint général, au grand préjudice de l'art. Dès-lors, en effet, la peinture, déchue de sa destination sublime, dut être exercée par les talens les plus vulgaires, pour pouvoir suffire à tant d'emplois familiers. Du moment que cet art s'appliquait à tout, il est évident qu'on dut s'y servir de toute main. La prestesse dans le travail dut être une des principales conditions de son succès; la facilité de l'exécution en devint le premier mérite; et dès-lors on ne rivalisa plus que de moyens économiques et de procédés abréviatifs, et non plus comme autrefois d'études profondes et assidues. Tel est en effet le tableau que Vitruve et Pline nous présentent de la peinture de leur temps; et à défaut de leurs témoignages, il suffirait de l'aspect de villes telles que Pompéi, Stabia et Herculanum, entièrement peintes, pour prouver que toute cette décoration, si flatteuse qu'elle soit au premier coup d'œil[3], n'avait rien de commun avec la peinture des beaux siècles de l'art et des grands maîtres de la Grèce.

La peinture des Grecs a donc péri tout entière et sans retour, avec les fragiles matériaux sur lesquels elle s'exerçait; c'est un fait qui nous paraît indubitable, tout fâcheux qu'il soit à proclamer. Mais de ce fait même, malheureusement trop certain, il n'en résulte que plus d'intérêt pour ces peintures, objets du mépris de Pline, et qui seules cependant nous ont conservé une réminiscence, ou si l'on veut une ombre du bel art que les Grecs avaient porté à la même perfection que tous les autres. Il est probable en effet que ces peintures de décoration, bien que servant aux usages les plus vulgaires, et produites par des artistes d'un ordre très secondaire, étaient faites d'après les excellens modèles dont Rome et l'Italie entière étaient remplies. Certainement, des compositions telles que celle de la Noce Aldobrandine, doivent dériver de quelque original célèbre; et ce n'est pas sans beaucoup de probabilité que l'on a cru trouver, dans l'un des plus beaux tableaux d'Herculanum, dans l'*Hercule étouffant les serpens*[4], une image, affaiblie sans doute, du tableau de Zeuxis qui offrait le même sujet traité avec les mêmes personnages. Indépendamment des tableaux produits par les grands maîtres, leur talent s'était exercé, à l'aide du dessin linéaire, sur toutes sortes de compositions empreintes du même goût, et dont il se fit sans doute une foule d'applications. Ainsi, pour n'en citer qu'un exemple célèbre, Parrhasius avait laissé un grand nombre de dessins tracés sur des tablettes et sur des peaux, lesquels servaient encore, du temps de Pline[5], de sujets d'études aux artistes. A défaut de pareils témoignages, nous aurions dans les monumens mêmes qui nous sont restés, la preuve qu'il dut exister dans la Grèce un grand nombre de dessins d'habiles maîtres, d'après lesquels s'exécutaient la plupart de ces urnes étrusques et de ces sarcophages romains, qui tous présentent des sujets grecs, et des compositions d'un mérite généralement si supérieur à leur exécution, et calquées toutes,

---

[1] Plin. *Hist. Nat.* XXXVI, 23, 55 : *Tectorium induxit lacte et croco subactum.*

[2] Plin. *Ibid.* XXXV, 11, 40 : *Idem et lacunaria primus pingere instituit, nec cameras antè eum taliter adornari mos erat.*

[3] Plin. *Hist. Nat.* 37, 10 : Blandissimo aspectu, minimoque impendio.

[4] *Pitture d'Ercolan.* t. I, tav. VII, p. 33-37.

[5] Plin. *H. N.* XXXV, 36, 9 : Graphidis vestigia exstant in *tabulis ac membranis* ejus, ex quibus proficere dicuntur artifices.

à de légères variantes près, sur un même original. Cette preuve résulte encore plus directement de l'examen des vases peints, presque tous produits à l'époque la plus florissante et sous l'influence immédiate des arts de la Grèce, mais exécutés en fabrique et par des ouvriers auxquels on ne peut raisonnablement attribuer le mérite d'invention et de dessin qui brille quelquefois à un si haut degré sur ces vases. Il fallait donc qu'il y eût des recueils de dessins tracés sur des tablettes ou sur des peaux, à l'aide du stylet ou du pinceau, comme c'était l'usage de dessiner dans la Grèce, recueils appropriés à l'usage dont il s'agit, et provenant d'habiles maîtres, tels qu'était celui que j'ai cité de Parrhasius, et comme on a vu dans des temps plus rapprochés de nous, et qui ont avec les beaux siècles de la Grèce une si heureuse analogie, les dessins de Raphaël et de son école servir à la décoration de ces beaux vases de *faïence* et de *maiolica* qui se fabriquaient à Urbin et à Florence.

De même que les compositions des vases grecs et des sarcophages romains peuvent passer à nos yeux comme produites sous l'influence, et ainsi que nous dirions aujourd'hui, d'après les cartons des grands maîtres, comme empreintes à des degrés divers, et d'une manière plus ou moins directe, de leur goût et de leur génie, les peintures antiques, surtout celles d'une exécution plus soignée, telles qu'est au premier rang la Noce Aldobrandine, nous ont très probablement conservé des réminiscences de compositions semblables. Nous trouvons dans les peintures mêmes de la maison qui nous occupe une de ces réminiscences, et des plus curieuses à tous égards. C'est dans un tableau placé sur le mur extérieur de l'Exedra, au fond du Péristyle, et qui représente le *Sacrifice d'Iphigénie*, sujet célèbre de l'histoire héroïque, qui ne s'était encore montré que sur le célèbre vase de Médicis[1] et sur quelques urnes étrusques. On sait que ce sujet avait été traité avec un grand succès par Timanthe, le rival heureux de Parrhasius, et qu'un trait de cette composition avait surtout obtenu les éloges de l'antiquité; c'était la manière dont le peintre avait représenté Agamemnon se voilant le visage de son manteau, pour cacher une douleur qu'il n'était possible ni à l'art de rendre, ni à la nature de montrer dignement[2]. Or, c'est précisément ainsi qu'est représenté Agamemnon dans notre peinture, dont la composition s'éloigne dans tout le reste de celle du tableau de Timanthe, de manière pourtant à ne laisser aucun doute sur l'intention qu'a eue notre artiste de Pompéi de reproduire une figure célèbre; et c'est aussi celle qui est la mieux conçue et la mieux exécutée de tout son tableau, grâce sans doute à l'excellent modèle qu'il avait dans la pensée. Nous offrons, dans la planche 14, un dessin de cette peinture, où tous les détails fidèlement imités avec les couleurs et dans le style de l'original, en donneront l'idée la plus juste et la plus complète qu'il soit possible d'obtenir, à défaut de la vue de cet original même[3].

Sous le rapport que je viens d'indiquer, les peintures antiques en général offrent donc un genre d'intérêt très supérieur à leur mérite, et tout-à-fait indépendant de leur exécution. Mais, à cet égard même, serait-il vrai de dire qu'elles fussent absolument sans mérite ? N'offrent-elles pas, à travers une incorrection, défaut inévitable dans un travail aussi hâtif, et parmi des négligences, condition pour ainsi dire obligée d'un pareil emploi de l'art, un goût d'ajustement, un sentiment de dessin puisés à la meilleure école, une foule d'intentions heureuses, de motifs pittoresques, de détails vrais et d'expressions naïves, qui attestent une succession non interrompue d'excellens principes, et une perpétuité de traditions et de doctrines bien propres à nous donner la plus haute idée de l'art grec, dans son état florissant et sur son vrai théâtre, puisqu'elles l'honorent encore à ce point, jusque dans sa décadence même, et sous un

---

[1] *Admiranda*, tav. 18 et 19.
[2] Plin. *Hist. Nat.* XXXV, 36, 9.
[3] Nous avons essayé de donner, dans notre Recueil de

Monumens inédits, où cette peinture est aussi publiée, *Orestéide*, pl. XXVII, tous les éclaircissemens archéologiques qu'elle comporte.

ciel étranger. Qu'on réfléchisse en effet à cet immense intervalle qui sépare le siècle d'Alexandre de celui de Titus; qu'on mesure par la pensée toute la distance d'un homme comme Apelle au décorateur inconnu de notre petite Maison de Pompéi, et que l'on apprécie, d'après ce double élément de comparaison, la puissance d'un art qui, dans une si longue succession d'hommes et de travaux, dans ses applications les plus subalternes, et, pour ainsi dire, à la dernière extrémité de sa carrière, produisait encore des ouvrages empreints du même goût, et qui nous offre, à travers l'éloignement des lieux et des temps, sur le plus petit théâtre, et de la main la plus vulgaire, des réminiscences si dignes encore de notre intérêt et de notre étude. Il y a là, si je ne me trompe, un phénomène bien remarquable, et qui n'appartient qu'aux Grecs, entre tous les peuples du monde. L'imitation avait jeté sur ce sol heureux de si profondes racines; elle y avait été cultivée par tant de mains habiles et sous des influences si favorables; les doctrines d'art et de goût s'y étaient si fortement unies à tous les autres élémens de l'organisation sociale, que même après la chute des mœurs et des institutions politiques, même dans un siècle qui touchait déjà à la décadence, même dans un coin de l'Italie, l'art, déchu de tous ses avantages, se maintenait encore, par la seule force de son principe, par la seule autorité de ses traditions, dans le même esprit et dans la même direction; toujours il tendait à la vérité, à la noblesse, à la beauté, avec un sentiment juste et sûr, qui se trahit jusque dans l'insuffisance de ses efforts, jusque dans la médiocrité de ses travaux; et c'est ce qui donne à ces peintures de Pompéi, derniers fruits d'un art expirant, retrouvés, après dix-sept siècles, dans le tombeau d'une ville antique, un intérêt qui tient à la fois au sentiment d'un pareil mérite et au respect d'une pareille destinée.

La conservation même de ces peintures à travers tant de siècles, et malgré tant de causes de destruction, est encore pour nous un nouveau sujet d'études et de réflexions; et c'est un second rapport sous lequel je devrais les considérer, si c'était ici le lieu, et si un sujet qui touche à tant de graves questions d'antiquité pouvait n'être traité que d'une manière superficielle, sans y joindre aucune des preuves, aucun des développemens qu'il comporte. Mais j'ai dû réserver pour un travail particulier tout ce que j'ai rassemblé de notions archéologiques sur ce qui concerne le technique de l'art de peindre chez les anciens[1], et je me bornerai ici à une seule considération. Les procédés au moyen desquels ont été produites des peintures qui ont résisté à l'action destructive des principes les plus contraires, tels que l'humidité, dans les Bains de Titus, la lave et la cendre brûlante, dans les maisons d'Herculanum, de Stabia, de Pompéi, avaient certainement mérité d'être l'objet de plus de recherches, et surtout de plus d'applications qu'ils ne l'ont été jusqu'ici. On est étonné que, dans un siècle tel que le nôtre, si orgueilleux de ses connaissances, si convaincu de sa supériorité scientifique sur les anciens, on se dispute encore pour savoir de quelle nature sont les peintures de Pompéi; si ce sont des *fresques*, ou s'il y eut une part quelconque donnée à l'*encaustique*. On n'est pas moins surpris que Raphaël, si zélé pour les progrès d'un art dont il a posé les limites, et témoin de la première découverte des Bains de Titus, n'ait pas profité davantage de cette résurrection inopinée de la peinture antique, opérée de son temps et sous ses yeux, pour assurer à ses propres fresques une durée qu'il est bien à craindre, d'après l'affaiblissement qu'elles ont subi en quelques parties, qu'elles ne partagent pas avec les peintures antiques. D'un autre côté, il semblerait, d'après la fraîcheur et la vivacité des fresques de Jean d'Udine, que ce disciple de Raphaël, qui s'était mis aussi à l'école des anciens, eût dérobé dans les Bains de Titus, dont il a si heureusement imité l'esprit et le goût de décoration, quelques uns des secrets de la peinture antique[2]. Il suffirait de ces deux exemples pour prouver que les peintures

---

[1] C'est le travail que j'ai annoncé dans l'*Avertissement* placé en tête de mes *Peintures antiques inédites*, p. xiv, et qui, rédigé en grande partie depuis long-temps, ne tardera pas à être achevé et rendu public.

[2] Il est probable que Jean d'Udine avait détaché quelques morceaux d'enduit et de peinture antique, pour en étudier la composition intrinsèque et en découvrir le mécanisme. C'est à cela que se réduit l'accusation banale faite à Raphaël

de Pompéi méritaient d'être plus soigneusement étudiées qu'elles ne l'ont été jusqu'ici, même sous le rapport de leur exécution; et c'est ce qui vient d'être démontré jusqu'à l'évidence par un architecte étranger, M. Wiegmann, qui joint le savoir de l'antiquaire aux connaissances pratiques de l'artiste, dans un livre où il a victorieusement établi l'excellence de la *fresque* des anciens, et dans un essai de peinture, où il en a réalisé l'application de la manière la plus heureuse [1].

Reprenons maintenant la description des peintures de notre *Maison tragique*, de celles que j'appellerai *historiques*, moins pour en expliquer tous les détails, ce qui nous conduirait beaucoup trop loin, que pour en indiquer les traits principaux, et en signaler le mérite ou l'importance sous le rapport archéologique.

En tête de celles qui se recommandent à ce dernier titre, par la rareté du sujet, on a pu remarquer le *tableau* entouré de cette espèce de *bordure noire tenant lieu d'encadrement*, si commun à Pompéi, lequel *tableau* forme le principal motif d'ornement d'une des parois de l'Exedra, et représente *Léda assise près de Tyndare, et tenant d'une main une espèce de nid où sont trois petites figures d'enfans, Castor, Pollux et Hélène, qu'elle caresse de l'autre main*. Nous avons déjà offert un dessin séparé de cette peinture sur notre planche 15, et nous donnerons plus tard une copie fidèlement coloriée de la paroi entière [2], pour mettre nos lecteurs à même d'apprécier, d'après cette charmante page de peinture fournie par la principale pièce de notre habitation homérique, le goût exquis qui avait présidé à sa décoration. Quant à la composition même, qui a rapport à la *Naissance des Dioscures*, nous n'avons que peu de chose à dire pour en expliquer le sujet [3]. La jeune épouse de Tyndare, n'ayant pour tout vêtement qu'un *péplus* violet doublé de blanc, qui lui enveloppe la partie inférieure du corps, semble concentrer toutes ses pensées dans la contemplation de ce *nid* qui renferme les trois tendres fruits de son union avec le maître des dieux; car elle est bien la *mère*, et non pas seulement la *nourrice* des enfans nés de Jupiter [4]; et une autre peinture récemment découverte à Pompéi, dans la maison dite de Méléagre [5], nous a offert *Léda surprise par le cygne*, type déjà connu par une charmante peinture d'Herculanum [6], et reproduit, comme personne ne l'ignore, dans plusieurs belles statues antiques [7]; d'où il suit que chez les artistes qui s'employaient à orner de leurs travaux les maisons de Pompéi et d'Herculanum, c'était bien la fable populaire des *Amours de Jupiter et de Léda* [8] qui obtenait la préfé-

---

et à son disciple d'avoir copié, puis anéanti des peintures des Bains de Titus, accusation qui ne mérite pas d'être réfutée sérieusement.

[1] *Die Malerei der Alten in ihrer Anwendung und Technik, insbesondere als Decorationsmalerei*, von R. Wiegmann, Architekt, Hannover, 1836, avec une *Préface* de K. Ott. Müller, et un *Avant-propos* de l'auteur, où il rend compte, p. xvij, d'une peinture *à fresque* qu'il a exécutée, d'après les procédés antiques, sur le mur d'une chambre de l'habitation de M. Kestner, chargé d'affaires de Hanovre, à Rome.

[2] Déjà publiée, mais au simple trait, dans Zahn's *Ornamente aus Pompeii*, pl. 23.

[3] Cette peinture a déjà été publiée dans le *Real Museo Borbonico*, t. I, tav. XXIV, mais au simple trait, et dans ce goût de dessin propre à l'artiste moderne, et si éloigné du style antique, qui se retrouve malheureusement dans toutes les gravures de ce recueil, d'ailleurs si recommandable par le choix et l'importance des monumens.

[4] La tradition antique qui faisait de Némésis la *mère*, et de Léda la *nourrice* de Castor, de Pollux et d'Hélène, bien qu'elle repose sur de graves autorités, Apollodor. III, 10, 7; Pausan. I, 33, 7; Auson. *Epigramm*. LVI; Schol. Lycophron. ad v. 88; Scholiast. Callimach. *ad Hymn. in Dian.* v. 232, n'est cependant pas celle qui prévalut, du moins dans la dernière période de l'antiquité, et sur le plus grand nombre des monumens de l'art.

[5] Cette peinture est publiée aussi dans le *Real Mus. Borbon.* t. X, tav. III.

[6] *Pittur. d'Ercolan.* t. III, tav. IX. Les doctes interprètes y ont vu *Némésis*, après avoir reconnu *Léda* dans une autre peinture à peu près semblable, *Ibidem*, tav. VIII, et sans avoir de motifs assez graves pour justifier deux explications différentes d'un même sujet. Voyez, du reste, le commentaire dont ils ont accompagné ces deux peintures, et qui comprend presque tous les textes relatifs à ce sujet mythologique.

[7] Il s'en trouve une à la villa Borghèse, qui a fourni au célèbre antiquaire Carlo Fea le sujet d'une dissertation particulière, Roma, 1821, in-4°; sans compter les répétitions antiques que l'on connaît de la même statue, dans diverses collections publiques ou privées de Rome, au Musée Capitolin, t. III, tav. 41, à la villa Albani, à la villa Pamfili, dans la *Galerie Giustiniani*, t. I, tav. XXXVIII; et ailleurs encore, à Venise, *Antisala della Libreria di S. Marco*, t. II, tav. V, à Naples, à Mantoue, *Museo di Mantova*, t. I, tav. XXXVI, à Florence, enfin, et même à Dresde. Une statue du même sujet, mais mutilée, se voit parmi les *Marm. Oxon.* part. I, tab. XVIII.

[8] Voyez dans mes *Peintures antiques inédites*, p. 267-

rence sur l'antique légende de *Némésis*. Mais une particularité neuve et curieuse qu'offre notre peinture, c'est celle du *nid*, au lieu de la *coquille d'œuf*, qui appartenait à la tradition grecque, et qui se voit effectivement, au bas du lit de *Léda récemment accouchée*, sur un célèbre bas-relief d'Aix en Provence [1]. Quel que soit le motif de cette variante, à laquelle il ne conviendrait sans doute pas d'attacher beaucoup d'importance, j'ai dû la signaler à l'attention de mes lecteurs.

Tyndare se reconnaît sans peine dans le jeune héros, assis auprès de *Léda*, la tête ceinte d'une *bandelette*, tenant *deux lances* de la main gauche, et regardant avec un intérêt mêlé de surprise trois enfans dont la naissance semble être pour lui un mystère, et l'apparition un prodige. Derrière le couple héroïque sont quatre personnages témoins de la scène, savoir, du côté de Léda, deux jeunes esclaves, l'un desquels, vêtu d'une tunique longue, verdâtre, a la tête couverte d'une espèce de *bonnet*; et du côté de Tyndare, un jeune homme et une jeune fille, l'un et l'autre avec une *couronne de feuilles* ou de *roseaux*, qui caractérise les habitans des rives de l'Eurotas. Le jeune homme tient d'une main le *bâton pastoral* [2], qui convient à sa condition; et la physionomie agreste des deux personnages est encore un trait caractéristique qu'il faut savoir gré à notre peintre de n'avoir pas négligé. Le lieu de la scène paraît être une espèce d'enceinte, ou de *téménos*, formée par un mur, et ombragée d'arbres; et les personnages sont assis sur la pierre, dans toute la simplicité des mœurs héroïques. Du reste, il sera curieux, pour ceux de nos lecteurs qui ont connaissance du superbe vase peint d'Exéchias, représentant *Tyndare* et *Léda* avec *Castor* et *Pollux* [3], de mesurer l'intervalle qui sépare, sous le rapport de l'art, comme dans l'ordre des temps, deux compositions aussi différentes de goût, de style et d'exécution, que cette peinture de vase et notre fresque de Pompéi.

Plus remarquable encore sous tous les rapports, de sujet, de composition et de style, est la peinture que nous donnons pl. 22, et qui décore un des grands panneaux de l'*Atrium* de notre maison homérique. Cette peinture, déjà publiée *au trait* dans le *Real Museo Borbonico* [4], et reproduite *en couleur*, mais d'une manière réellement bien peu fidèle, dans la *Galleria Omerica* de M. Inghirami [5], mériterait d'être l'objet d'un examen approfondi, auquel la nature de notre ouvrage ne nous permet pas de nous livrer. Un petit nombre d'observations suffiront pour mettre nos lecteurs à même de juger du mérite de cette peinture, et d'en reconnaître le sujet.

Le principal personnage, *assis* sur un rocher, vêtu d'un grand *pallium* violet, qui lui couvre la tête, en laissant la poitrine à découvert, le front ceint d'une *couronne de chêne*, et portant de la main gauche un *sceptre d'or*, ne peut être qu'un dieu, et, suivant toute apparence, le maître des dieux lui-même, reconnaissable à ce *sceptre* et à cette *couronne de chêne*. La peinture a malheureusement été endommagée à l'endroit du visage, de

---

268, un témoignage authentique sur la vogue qu'obtenait, à cette dernière époque de l'antiquité, le trait mythologique que nous voyons représenté dans nos peintures de Pompéi et d'Herculanum, tel qu'il est indiqué par l'écrivain sacré.

[1] Ce monument, aussi rare par le sujet que précieux par le travail, a été publié par Millin, dans son *Voyage au midi de la France*, pl. XXXVII, n° 1. Voyez-en la description, *Ibidem*, t. II, p. 242-248.

[2] L'antiquaire napolitain a vu ici un *arc*, et dans ce trait, comme dans la physionomie des personnages, il a méconnu la véritable intention de l'artiste ancien.

[3] C'est le vase qui a été publié par M. Secondiano Campanari, dans une dissertation intitulée : *Della grande Anfora tirrena volcente rappresentante Achille e Ajace che giuocano agli astragali*, Roma, 1834, in-4°. La famille de Tyndare forme le revers de ce vase, et les quatre personnages qui la composent y sont désignés par leur nom. Ce monument, un des plus précieux qui aient été acquis de nos jours à la science, a été donné par les propriétaires, MM. Candelori, à S. S. le pape Grégoire XVI, qui l'a placé dans son palais du Quirinal.

[4] Vol. II, tav. LIX, p. 1-8.

[5] T. II, tav. CXXXI, p. 35-36. L'auteur, en se félicitant de tenir ce dessin de la main même de M. Niccolini, n'avait pu douter qu'il ne fût d'une fidélité rigoureuse, malgré l'opinion contraire qu'il m'attribue à cet égard. Mais je suis obligé de relever ici l'erreur commise par M. Inghirami. Mon observation portait sur la peinture représentant le *Départ de Chryséis, R. Mus. Borbon.* t. II, tav. LVII, que j'ai publiée dans mes *Monumens inédits, Achilléide*, pl. XV, p. 74-75, et non pas sur la peinture de *Junon conduite auprès de Jupiter sur le mont Ida*, que nous donnons actuellement. Du reste, je pourrais appliquer encore la même observation à cette peinture, telle que la représente la gravure du *R. Mus. Borbon.* et même la planche coloriée de M. Inghirami; mais il suffira de comparer notre dessin avec ces deux gravures pour juger de quel côté est la fidélité, et pour me dispenser de combattre à mon tour l'opinion de M. Inghirami.

sorte qu'il n'est plus possible de reconnaître dans cette figure la physionomie de *Jupiter*. L'absence du *foudre* et de l'*aigle* pourrait jeter encore quelques doutes sur cette désignation ; mais Jupiter n'avait pas toujours le foudre à la main ni l'aigle à ses côtés, et le sceptre et la couronne de chêne ne conviennent qu'au Dieu suprême. Le second personnage de notre peinture est une *Femme*, le front orné d'un *diadème*, vêtue d'une longue tunique richement brodée, et d'un *péplus* d'étoffe fine et transparente, qui lui couvre le derrière de la tête en descendant sur les épaules, et dont elle relève de la main droite un pan, comme pour s'en couvrir le devant du corps, d'une manière tout-à-fait neuve, qui doit tenir à quelque intention particulière. Cette Femme est d'ailleurs parée de bijoux, pendans d'oreilles, bracelets, collier, qui, d'accord avec la richesse de son costume, avec la grâce et la majesté de sa personne, ne peuvent convenir qu'à une déesse ; et l'accueil qu'elle reçoit de Jupiter ne permet pas de méconnaître en elle la sœur et l'épouse du maître des dieux. Rien n'est d'ailleurs mieux conçu que la manière dont *Junon* se présente ici de face, avec la physionomie empreinte d'une sorte d'embarras pudique et de fierté modeste, tandis qu'une *Femme*, vêtue et ailée, sans doute *Iris*, qui se tient debout derrière elle, et qui semble la pousser, plutôt que la conduire auprès de Jupiter, soutient de son bras droit le bras gauche de Junon, qui s'arrête et qui hésite encore, au moment même où elle vient d'abandonner son autre main au dieu qui l'a saisie. Cette composition, ainsi expliquée dans son motif principal, reçoit du lieu de la scène une détermination indubitable : ce lieu est le sommet de l'*Ida*, tel qu'il est indiqué avec toute certitude par cette *colonne dorique* dont le chapiteau est surmonté de trois figures de *lions*, et au fût de laquelle sont attachées *deux flûtes* et *deux clochettes*, avec un *tympanum*, tous symboles du culte phrygien de Cybèle, dont le mont Ida était le principal sanctuaire ; et à l'appui de cette détermination vient encore se joindre la présence des *trois Jeunes Gens*, le front ceint de *couronnes de feuilles*, assis sur un rocher, au-dessous de Jupiter, qui n'apparaissent, à cette place subordonnée, et sous une taille inférieure à celle des dieux, que comme des personnages d'un autre ordre et d'une moindre condition, conséquemment les habitants mortels de l'Ida, les *trois Curètes* ou *Corybantes*, ministres des orgies de Cybèle.

Tous les personnages, tous les détails de cette composition, s'expliquent si bien d'après la donnée qui vient d'être exposée, qu'il semble impossible de se refuser à voir ici la scène de *l'Iliade*, où Junon se rend, accompagnée de sa fidèle *Iris*, auprès de *Jupiter*, assis sur le plus haut sommet de l'*Ida*, pour le rallier à la cause des Grecs [1]. Du moins cette ingénieuse explication, proposée par l'interprète napolitain, et adoptée par M. Inghirami, nous paraît-elle réunir toutes les conditions de la vraisemblance. J'avais d'abord pensé que ce pouvait être cet autre sujet homérique de *Thétis conduite par Iris auprès de Jupiter pour l'implorer en faveur de son fils* [2]. La tradition des amours de Thétis et de Jupiter, dont il nous reste tant de témoignages et quelques monumens [3], pouvait justifier cette conjecture, qui rendrait peut-être encore mieux compte de l'attitude et de l'expression de la déesse que la première supposition ; mais l'*Entrevue de Thétis et de Jupiter*, dans le récit homérique, a pour théâtre l'*Olympe*, et non pas l'*Ida*; et cette circonstance essentielle du lieu de la scène, qui n'avait pu être dénaturée par notre peintre de Pompéi, me détermine à renoncer à ma première opinion. Je ne fais mention

---

[1] Homer. *Iliad.* XIV, 186-353.
[2] *Ibid.* I, 495-502.
[3] Les textes classiques sur ce mythe sont ceux de Pindare, *Isthm.* VIII, 60 et sqq.; d'Apollodore, III, 13, 5; d'Apollonius, *Argonaut.* IV, 785-805, et du Scholiaste de Lycophron, *ad* v. 178; voyez les *Observations* d'Heyne *sur* Apollodore, p. 313. On a cru voir sur un beau bas-relief de notre Musée du Louvre, n° 324, *Jupiter surpris par Junon auprès de Thétis*; mais, suivant nous, le sujet de cette sculpture est *Jupiter entre Junon et Vénus*, qui le sollicitent, l'une en faveur des Grecs, l'autre en faveur des Troyens; voyez, du reste, ce bas-relief, qui fit longtemps partie du Musée de Turin, *Marm. Taurin.* part. II, tab. XXI, p. 1-3; *Mus. Veron.* p. CCXI, n° 1, et qui a été publié en dernier lieu dans les *Monum. du Mus. Napol.* t. I, pl. IV. Il n'est pas inutile de remarquer que la *nudité*, qui va si bien à *Vénus*, ne convient pas à *Thétis*, dont l'ample *péplus* était le costume caractéristique, dans les données homériques, et qui se montre ainsi vêtue, en présence de *Junon*, sur un bas-relief Chiaramonti, tab. VIII.

d'une autre explication donnée par sir William Gell, qui voyait ici les *Noces de Thétis et de Pélée*[1], que pour ne rien omettre de ce qui a rapport à notre peinture; car une pareille idée ne comporte aucune réfutation. Il n'en serait pas de même de l'interprétation proposée en dernier lieu par le savant antiquaire de Goettingue, M. K. Ott. Müller, qui reconnaît ici les *Noces de Kronos et de Rhéa, en présence des trois Cabires*[2]. L'idée est certainement aussi docte qu'ingénieuse, et, si elle était admise, le motif de notre peinture, facile à expliquer dans tous ses détails, d'après cette donnée, se trouverait puisé aux plus antiques sources de la mythologie grecque; mais j'avoue que c'est cette considération même qui me dissuaderait de l'adopter. A mon avis, l'on risque presque toujours de se tromper quand on a recours à des mythes d'un ordre relevé et d'une époque primitive, pour l'explication de peintures du dernier ordre et du dernier âge, telles qu'étaient celles de Pompéi et d'Herculanum; et je ne manquerais pas d'exemples pour soutenir mon opinion, si cela était nécessaire, ou si c'était ici le lieu; mais sans entrer dans cette discussion, je me bornerai à dire que les monumens où figure *Kronos*, si rares dans la haute antiquité, et même à toutes les époques, ne présentent jamais ce dieu Titanien avec la *couronne de chêne*, propre au dieu hellénique, ou *Jupiter* Dodonéen; et sur les peintures mêmes de Pompéi, où *Kronos* apparaît une fois ou deux[3], la tête, il est vrai, enveloppée du *pallium*, comme l'est ici *Jupiter*, le fils d'Uranus tient à la main l'instrument recourbé, son arme fatale et caractéristique, faute de laquelle il me paraît difficile de reconnaître ce dieu sur notre peinture. Ce même *pallium* convient ici à *Jupiter* assis au sommet de l'Ida, d'après le motif qui fit représenter ainsi vêtues les divinités de l'air, en général, et *Jupiter* lui-même, dans une circonstance semblable, tel qu'on le voit, par exemple, porté sur le *Centaure céleste*, ou sur le *Sagittaire*, comme Dieu président de sa propre planète, sur un autel triangulaire de la villa Borghèse[4]. D'ailleurs, le costume de la déesse, sa physionomie, son attitude, si propres à caractériser *Junon*, ne me semblent pas s'appliquer aussi bien à *Rhéa*; en sorte que, tout bien considéré, la meilleure hypothèse me paraît encore celle que j'ai exposée en premier lieu. Quant au mérite de la peinture même, envisagée sous le rapport de l'art, il ne saurait y avoir de dissentiment sur ce point. Cette peinture est certainement une des plus recommandables, par le style et par l'exécution, qui soient sorties des fouilles de Pompéi; et nous croyons que notre gravure en donnera l'idée la plus exacte, comme la plus satisfaisante.

J'aurai achevé la description de celles de nos peintures proprement historiques que je me suis proposé de faire connaître avec quelques détails, en signalant ici en peu de mots à l'intérêt de nos lecteurs la peinture de *Chryséis enlevée de la tente d'Achille par les hérauts d'Agamemnon*, pl. 16, et celle du *Sacrifice d'Iphigénie*, pl. 14, qui m'ont déjà fourni, dans un autre ouvrage[5], la matière d'un travail assez étendu. Le premier de ces sujets, traité d'une manière qui se rapproche plus du goût des compositions modernes que cela n'avait lieu généralement dans les peintures antiques, se recommande particulièrement, sous ce rapport, à l'attention des artistes. L'ordonnance du tableau me paraît une des plus remarquables que nous possédions, entre toutes celles des peintures trouvées à Pompéi. La disposition des personnages sur plusieurs plans diffère essentiellement de ce que nous voyons pratiqué sur le plus grand nombre de ces peintures, où les figures sont placées sur un seul plan, presque toujours assez espacées, dans le goût du bas-relief. Au mérite de l'ordonnance se joint ici celui de l'exécution, du moins dans les principaux personnages. La figure d'*Achille* est pleine de fierté, le mouvement en est

---

[1] *Pompeiana, New Series*, pl. 41, t. II, p. 198.
[2] Dans un article traduit de l'allemand en italien, et publié dans le *Bullet. dell' Instit. di Corrispond. archeolog.* 1832, n° X, p. 189-192.
[3] *Real Mus. Borbonic.* t. IX, tav. XXVI; William Gell, *Pompeiana*, t. II, pl. 74.
[4] Visconti, *Monum. Gabin.* tav. agg. *d, e, f,* p. 167-168, ed. Milan.
[5] Voyez mes *Monumens inédits d'Antiquité figurée, Achilléide*, pl. XIX, et *Orestéide*, pl. XXVII.

naturel et vrai, et la tête[1] est d'un beau caractère. La figure de *Briséis* n'est pas moins remarquable sous tous les rapports de l'ajustement, de l'attitude et de l'expression, et son air de tête est certainement un des plus heureux qui nous soient connus par les peintures antiques. La scène entière s'explique d'ailleurs avec une netteté, en même temps qu'avec une certitude qui font honneur au jugement et à l'intelligence de l'artiste antique. *Achille* est assis à l'entrée de sa tente, sur un siége richement orné d'ivoire; il a la partie supérieure du corps nue, et le reste enveloppé dans un *pallium* de couleur rouge; il porte le *parazonium*, l'épée courte des Grecs, suspendue sur sa poitrine, et il tient en main le *sceptre*, sans doute le même sceptre que, dans sa colère, il a jeté à terre dans le conseil des Grecs, et sur lequel il a prononcé le redoutable serment de forcer au repentir le prince ingrat qui l'a offensé[2]; de l'autre main, étendue d'un air d'autorité vers les deux hérauts, il donne à *Briséis* l'ordre de les suivre. A la gauche du héros, un de ses compagnons, qui ne peut être que *Patrocle*, vu par le dos, conduit par la main la jeune captive, qui, la tête légèrement inclinée et appuyée sur sa main droite, semble suivre à regret l'ordre qu'elle reçoit et la main qui l'entraîne. *Briséis* est vêtue d'une tunique longue, par-dessus laquelle est jeté un long *péplus*, ou voile, d'une étoffe fine, bordée de franges, dont elle se couvre la tête : son attitude, son ajustement, l'expression de son visage, où se peignent la surprise, le regret et la pudeur, composent une figure pleine de grâce et de naturel. Du côté opposé, se reconnaissent, au *caducée* d'or qu'ils portent à la main, les deux hérauts d'Agamemnon, *Eurybate* et *Thaltybius*, l'un desquels détourne la tête, sans doute afin de témoigner la confusion ou la pitié qu'il éprouve. Derrière le siége d'Achille, un vieillard, probablement *Phénix*, le menton appuyé sur sa main, l'œil fixé sur son élève, ne se montre occupé que des chagrins qu'il observe et des malheurs qu'il prévoit; et sur un plan plus éloigné apparaissent *cinq Myrmidons*, debout, appuyés sur leur lance, et presque entièrement cachés sous leur large bouclier thessalien. Le fond du tableau est formé par une porte ouverte, probablement celle qui conduit à l'appartement des captives, et que décore une draperie, *aulœum*, tendue dans le goût antique[3].

Je ne m'étendrai pas autant que je viens de le faire sur la peinture du *Sacrifice d'Iphigénie*, précisément parce que cette peinture, plus rare et plus curieuse encore, sinon par son exécution, qui est assez négligée, du moins par son sujet et par sa composition, pourrait donner lieu, sous ce double rapport, à un beaucoup plus grand nombre d'observations; mais c'est un travail que j'ai déjà exécuté ailleurs, avec tout le soin dont j'étais capable[4], et auquel il me serait difficile de rien ajouter aujourd'hui. Je me contenterai donc de signaler ici, comme le trait le plus caractéristique de notre peinture, l'opposition des deux figures principales : d'un côté, le personnage enveloppé tout entier d'un long *péplus* qui descend jusque sur son front, le dos tourné à la sanglante scène qui se prépare, le coude appuyé sur un cippe, le visage caché derrière sa main, personnage qui se révèle ainsi du premier coup d'œil pour *Agamemnon*, à cette attitude même, empruntée du célèbre tableau de Timanthe, non moins qu'à cette taille héroïque, à la couleur royale de son vêtement, à cette espèce de bottines de couleur jaune[5], qui

---

[1] C'est ici le lieu de remarquer que nous possédons, sur une belle monnaie d'argent de Pyrrhus, roi d'Épire, un portrait idéal d'*Achille*, qui prouve qu'il exista dans l'antiquité un modèle consacré pour la tête de ce héros, modèle qui ne paraît pas être resté étranger à l'auteur de notre peinture. J'ai fait connaître le premier cette précieuse monnaie grecque, en la rapprochant de quelques autres monumens numismatiques qui nous offrent aussi la tête d'Achille, dans mes *Monumens inédits*, Additions, vignette 15, n°s 2 et 3, p. 415.

[2] Homer. *Iliad*. I, 240-45.

[3] Il ne sera pas sans intérêt de comparer avec la peinture qu'on a ici sous les yeux, celle de l'ancien manuscrit de l'*Iliade*, où l'artiste a divisé en deux scènes différentes *l'arrivée des Hérauts* et *l'enlèvement de Briséis*, qui font ici le sujet d'une seule et même composition, mais qui paraissent pourtant dérivées d'un original commun. Voyez les *Iliados Fragmenta et Picturæ* de M. Ang. Mai, tab. V et VI, et la *Galleria Omerica* de M. Inghirami, t. I, tav. XXX et XXXIII.

[4] Voyez mes *Monumens inédits*, *Orestéide*, pl. XXVII, p. 133-137.

[5] Æschyl. *Pers.* v. 662.

paraissent avoir été un élément de costume oriental et de luxe asiatique, surtout à ce sceptre d'or qui ne convient qu'à l'aîné des Atrides et au chef des Grecs; de l'autre côté, le personnage, d'une taille également élevée, tenant d'une main le fourreau, et de l'autre le glaive nu, lequel ne se reconnaît pas à des signes moins certains pour *Calchas*, qui semble, au geste de sa main droite rapprochée de sa bouche, être averti, par une révélation divine, de l'événement merveilleux qui se prépare, au moment même où il se dispose à accomplir le fatal sacrifice. Ces deux figures n'offrent-elles pas en effet, dans leur composition si simple à la fois et si savante, et dans leur opposition si dramatique, un des traits les plus intéressans qui se soient conservés de la peinture antique, tandis qu'entre ces figures d'un ordre si élevé et d'un caractère si grandiose, le groupe des deux hommes appartenant au peuple et à l'armée, qui portent dans leurs bras la triste *Iphigénie*, comme une simple victime, présente une image naïve et touchante, non moins bien appropriée au génie de l'âge héroïque et au goût primitif de la peinture grecque[1]?

Je me bornerai à faire mention d'une peinture qui décore la paroi de gauche du *Tablinum*, et qui se rapporte, par son sujet, au même ordre de compositions tragiques puisées dans les fables homériques, mais qui, par son exécution, ne nous a pas semblé d'un mérite égal à celles de l'*Atrium*. Je l'ai d'ailleurs publiée, d'après un dessin réduit, au simple trait, dans mon recueil de *Monumens inédits*[2]; et j'en ai donné une explication détaillée. Elle représente *Oreste* et *Pylade*, avec *Iphigénie*, tous les trois assis sous le vestibule du temple de Diane, en Tauride; et le moment choisi par l'artiste est celui où Oreste est reconnu par Iphigénie, dont la lettre, destinée à son frère, est lue à haute voix par Pylade. La même composition s'est trouvée reproduite, avec quelques variantes de détail, dans d'autres peintures de Pompéi[3]; et cette raison était encore un motif pour nous dispenser de la publier de nouveau. Mais une particularité rare et curieuse que nous a offerte cette peinture, et que je ne dois pas négliger d'y signaler, c'est que les ornemens des figures, tels que *diadèmes*, *franges* et autres détails du même genre, étaient rapportés en or.

Indépendamment des peintures à sujet et de style historiques, qui fixent principalement l'attention de l'artiste et celle de l'antiquaire, notre *Maison du Poète tragique* se recommande encore à leur intérêt par la manière même dont toutes ses murailles sont décorées de peintures d'un ordre moins élevé, mais toujours d'un motif noble ou gracieux, placées au milieu d'un système d'ornemens et d'arabesques du goût le plus riche, de l'invention la plus ingénieuse et de l'effet le plus piquant. Nous avons choisi trois de ces parois entièrement peintes, qui pourront donner à nos lecteurs l'idée la plus complète, et, à notre avis, la plus satisfaisante, de ce goût de décoration dont l'inépuisable variété, telle qu'elle se produit dans la seule Pompéi, défierait l'imagination la plus féconde et le pinceau le plus exercé des artistes de notre moderne Europe.

La première de ces peintures, pl. 7, couvre tout une des parois de la chambre n° 18, située à gauche de l'*Atrium*. Elle se compose de grands compartimens *rouges* et *jaunes* alternativement, au centre desquels est un *tableau* qui représente le sujet d'*Hellé* et de *Phryxus*, si commun dans les peintures de Pompéi. La frise à *fond blanc* est ornée d'une *bataille de Grecs et d'Amazones*, dont l'exécution est d'un mérite supérieur à celui de la plupart de ces peintures de décor, sans compter que le sujet en est aussi plus rare, et la composition sans doute empruntée de quelque beau modèle antique. La seconde de

---

[1] Cette image semble en effet calquée sur la description du *Sacrifice d'Iphigénie*, telle qu'Æschyle la place dans la bouche du chœur de sa tragédie d'*Agamemnon*, v. 236-248, ed. Schütz.; et cette description même paraîtrait avoir été inspirée au poète tragique par quelque ancienne peinture qu'il avait sous les yeux, v. 247, bien que la locution qu'il emploie ne soit ici qu'une de ces façons de parler proverbiales qui ne s'appliquent pas à telle peinture en particulier.

[2] Voyez pl. LXXVI, n° 6, avec l'explication donnée dans les Additions, p. 423-424.

[3] *Pittur. d'Ercolan.* t. I, tav. XI; Jorio, *Peint. ant. du Mus. Bourbon*, n° 661, p. 64, et n° 756, p. 75, 2ᵉ édit. Voyez aussi le *Real Mus. Borbon.* t. VII, tav. LIII.

[4] Voyez-en une gravure au simple trait publiée dans le *Real Mus. Borbon.* t. II, tav. A, à la fin du volume.

nos peintures, pl. 9, est tirée de la chambre n° 15, située à gauche du *péristyle :* elle offre, au-dessus d'un soubassement peint *en noir,* qui règne plus habituellement qu'aucun autre dans les maisons de Pompéi, trois grands compartimens *rouges,* que surmonte une frise à *fond blanc,* sans parler des ornemens et détails d'architecture distribués dans ces trois divisions de la muraille. Au centre est le *tableau,* encadré d'une *bordure noire,* qui rappelle l'usage grec primitif d'insérer dans le mur des *peintures sur bois,* alors que la peinture de style historique, la véritable peinture grecque, ne s'exerçait encore que sur des *panneaux de bois*[1]. Ce tableau offre, sur un fond de paysage, *Vénus qui pêche,* avec un *Amour* debout devant elle, occupé de la même manière[2], sujet d'une naïveté charmante, et où la grâce et la facilité d'exécution répondent à l'agrément de la pensée. Mais rien n'égale la richesse et le goût qui se déploient sur la paroi de l'*Exédra,* n° 12, et dont la vue peut seule donner une idée; aussi me dispenserai-je de décrire en détail cette délicieuse page de peinture, dont nous avons mis tous nos soins à reproduire dans notre planche 11 une image exacte, avec tout ce luxe de couleurs brillantes, avec cette pureté exquise d'ornemens, avec cette profusion de figures et d'arabesques, qui en font un modèle achevé de ce genre de décoration, mais qui s'adressent à l'œil, au goût et au sentiment, sans pouvoir rien recevoir de la parole.

Il me resterait, pour achever ce qui concerne la description des peintures de notre *Maison du Poète tragique,* à dire quelques mots des mosaïques, qui étaient aussi des peintures, exécutées non plus avec des couleurs liquides, appliquées à froid ou à chaud, mais bien à l'aide de marbres de couleur. J'ai déjà eu occasion de signaler la mosaïque du *Chien enchaîné* près de la porte, et accompagné de l'inscription : CAVE CANEM, planche 17, expression fidèle d'un usage antique qui s'est conservé par tradition à Naples et en Sicile. Mais c'est surtout la mosaïque du *Tablinum,* représentée sur notre planche 19, qui mérite au plus haut degré l'intérêt des artistes et des antiquaires. On y voit, sur le fond, un *portique ionique,* formant ce que l'on appelait chez les Grecs un *Chorégion,* c'est-à-dire le lieu où le *Chorége* rassemblait les acteurs et faisait procéder aux répétitions du drame, soit tragique, soit comique ou satirique. Le personnage chauve, à barbe blanche, qui est assis en avant de ce portique, est donc le Chorége lui-même, qui va distribuer à ses acteurs les *masques* appropriés à leur rôle, et qui semble leur indiquer du geste et de la voix les intentions du poète, dont il tient d'une main le manuscrit déployé. Derrière lui, un des acteurs vient de revêtir, aidé d'un de ses camarades, la tunique à manches étroites qui doit former son costume. De l'autre côté du personnage principal, le musicien est occupé à accorder sa *double flûte* d'après les instructions qu'il a reçues; et deux acteurs, dont l'un porte, relevé sur le front, un masque de *Silène,* prêtent attentivement l'oreille aux paroles du Chorége. D'après les détails du costume et le caractère des masques, le drame dont on voit ici la répétition devait être de nature satirique; et la mosaïque qui nous en offre l'image, déjà si recommandable sous le rapport de l'art, par une exécution savante et soignée, acquiert encore à nos yeux un nouveau prix par la rareté du sujet et par le mérite des détails scéniques qu'elle nous a conservés, seule encore entre tous les monumens qui nous restent de l'antiquité figurée.

---

[1] C'est une notion que je me suis attaché à établir de la manière la plus complète qu'il m'a été possible, par l'examen de tous les faits de l'histoire de l'art, et qui prévaudra, je ne crains pas de le dire, sur toutes les contradictions qu'elle a pu rencontrer. Voyez mes *Recherches sur la Peinture des Grecs et des Romains,* particulièrement p. 353-354, 386, 389.

[2] Les deux autres parois offrent, à des places correspondantes, *Narcisse abîmé dans la contemplation de son image,* et *Ariane abandonnée sur le rivage par Thésée;* cette dernière peinture est publiée dans le *Real Mus. Borbon.* t. II, tav. LXII.

[3] Pollux, IV, 106, et IX, 41, 42; cf. Bekker. *Anecdot.* p. 72, 17.

MAISON du POËTE TRAGIQUE
A POMPÉI

PUBLIÉE, AVEC SES PEINTURES ET SES MOSAÏQUES, FIDELEMENT
REPRODUITES ET AVEC UN TEXTE EXPLICATIF,
PAR RAOUL ROCHETTE, ANTIQUAIRE, ET J. BOUCHET ARCHITECTE.

État actuel de la Façade de la Maison du Poëte tragique à Pompéi.

PARIS,

CHEZ LES AUTEURS ET CHEZ C. LECONTE ÉDITEUR, BOULEV.^t POISSONNIÈRE, 16
ET CHEZ DESESSERTS PASSAGE DES PANORAMAS
GALERIE FEYDEAU, N.º 15.

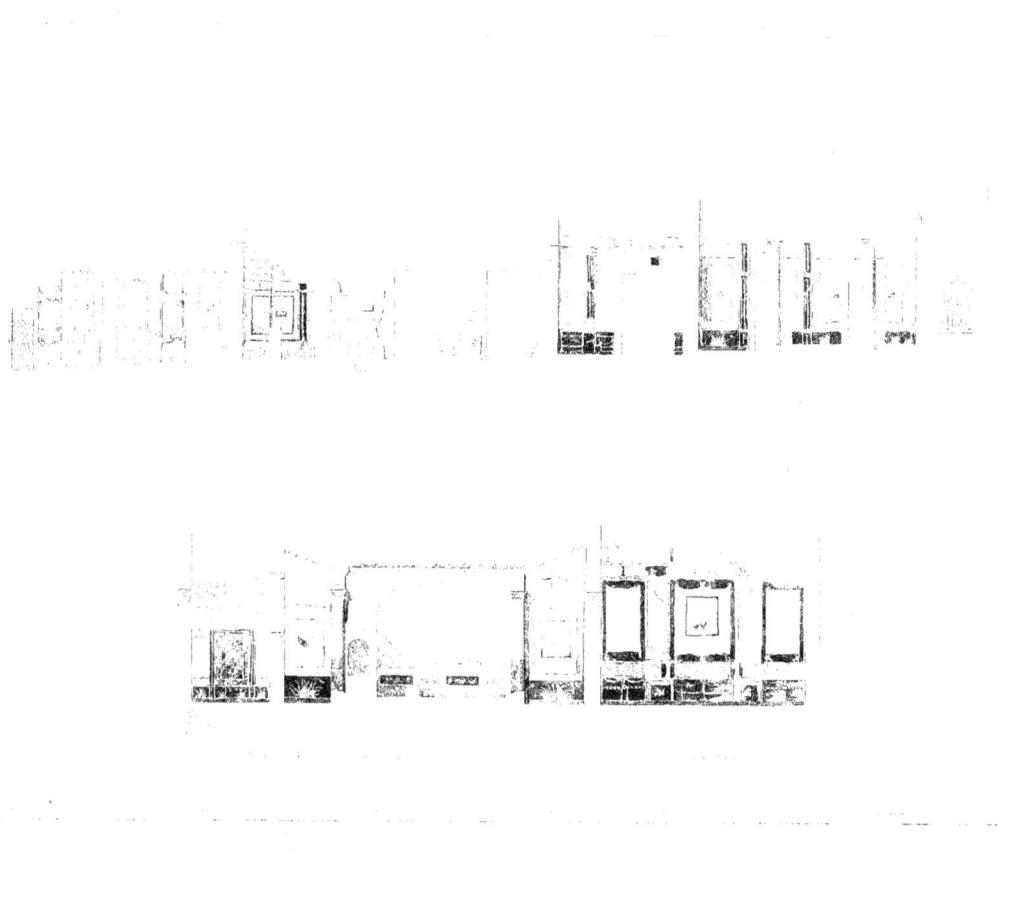

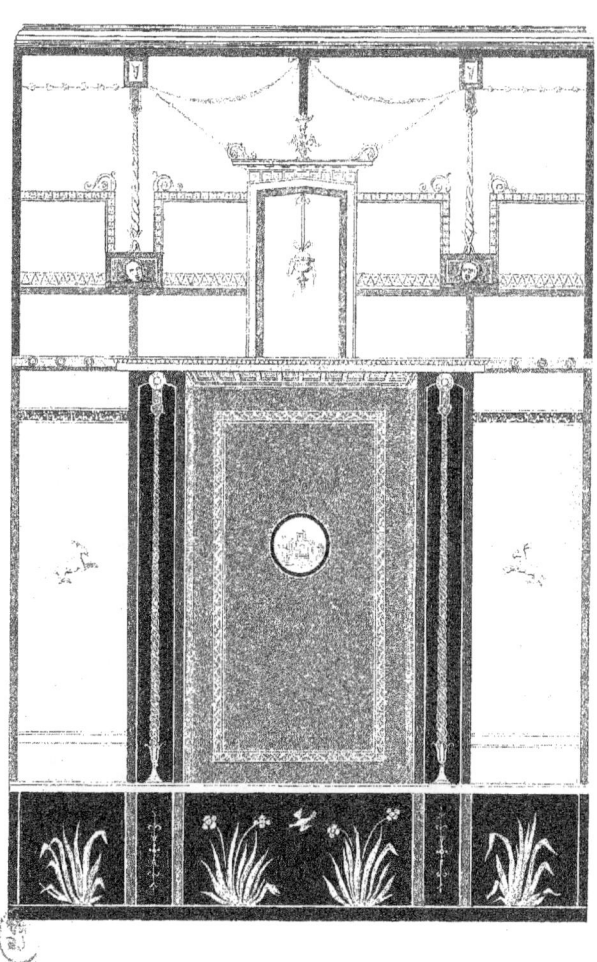

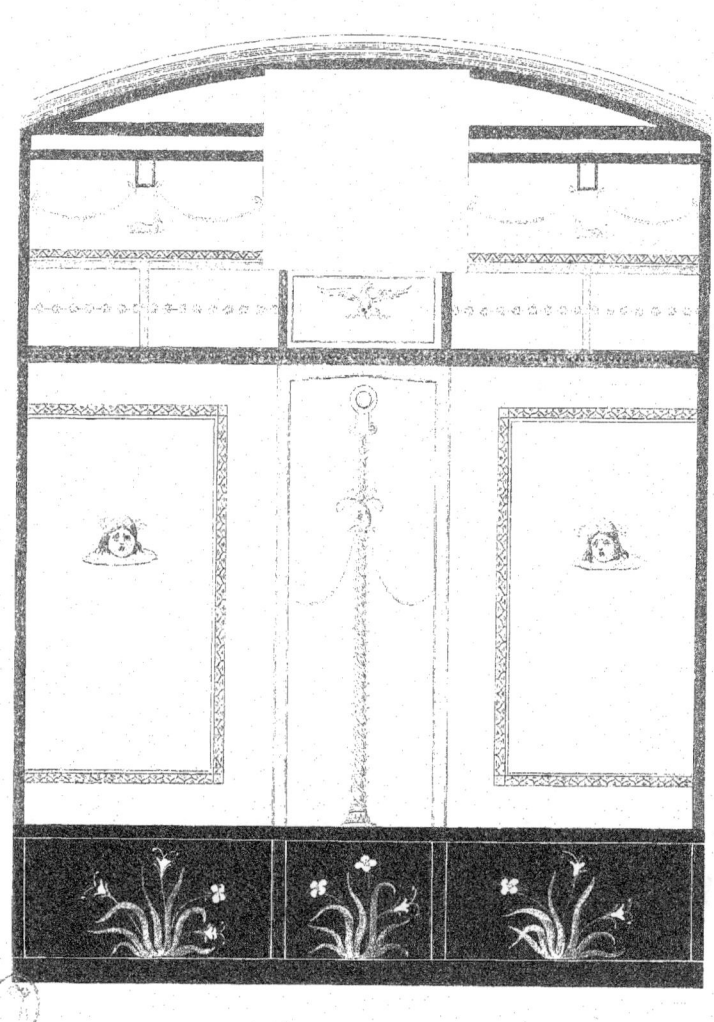

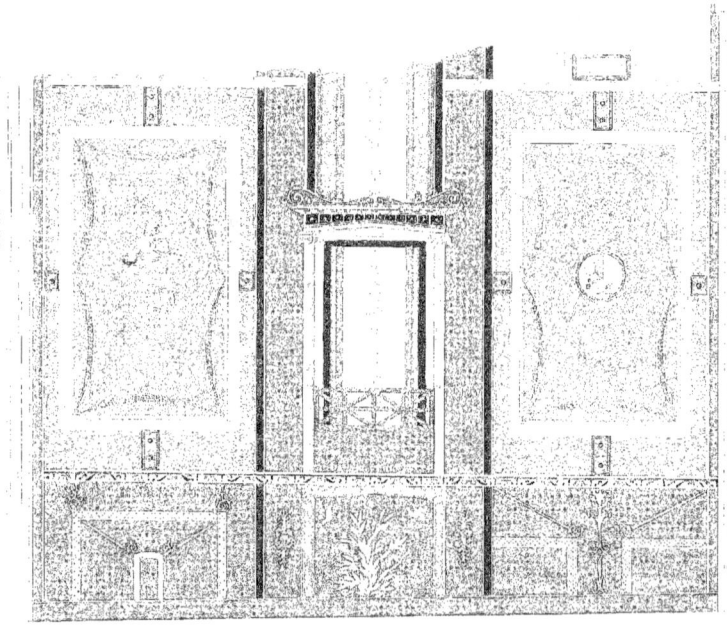

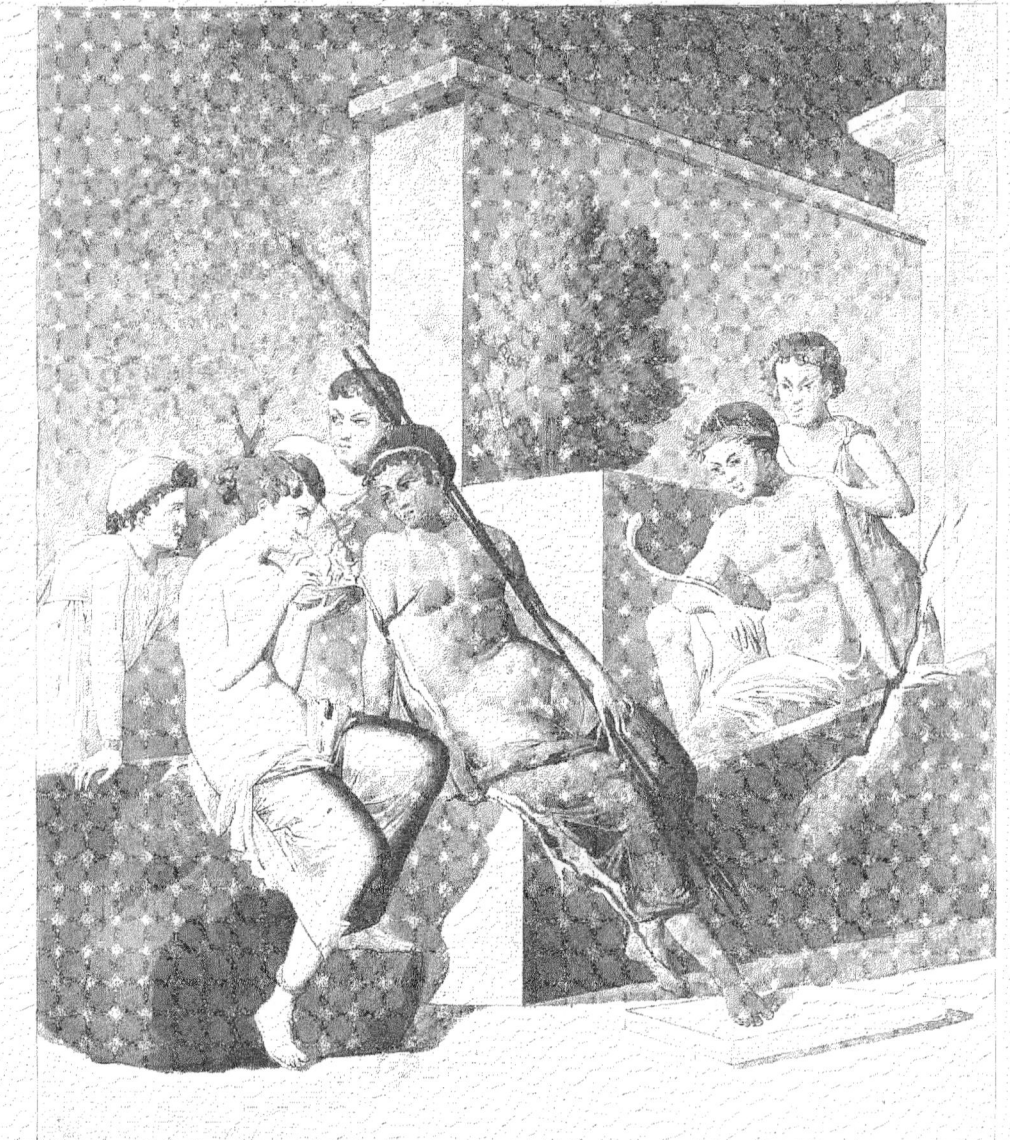

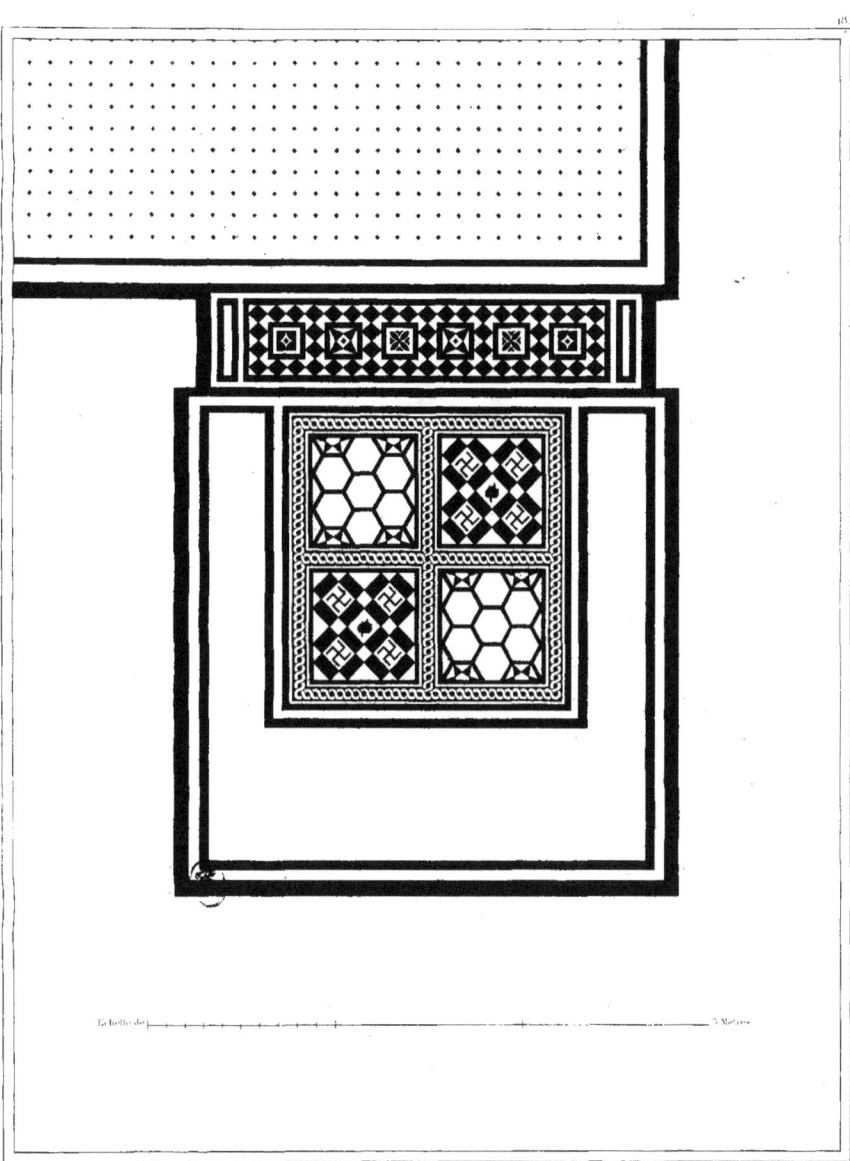

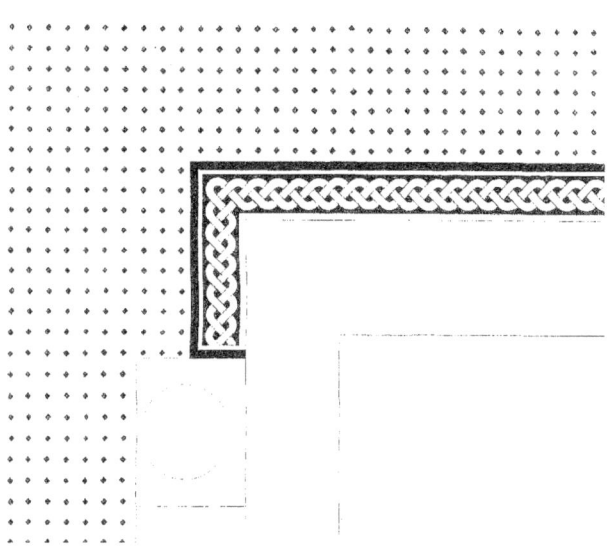

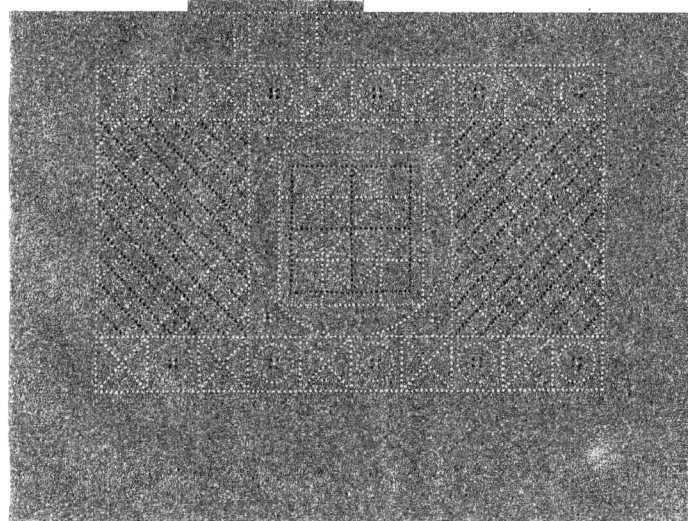

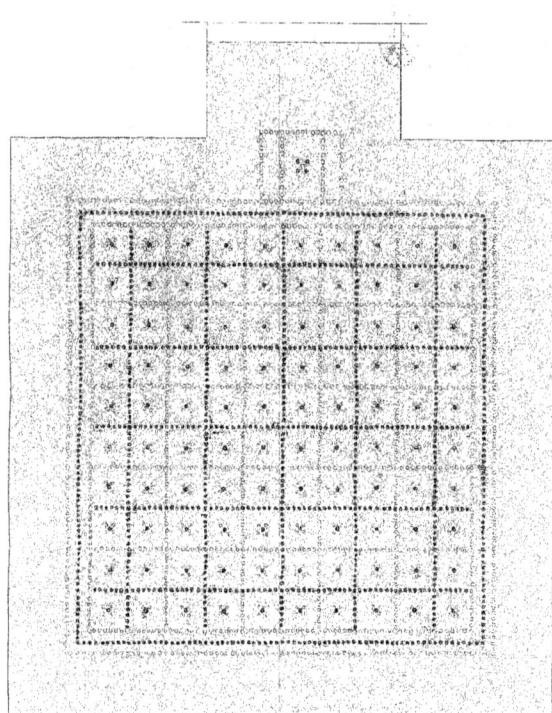

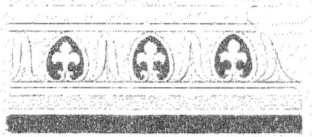

TABLE DES PLANCHES
de la maison
DU POËTE TRAGIQUE
À POMPEÏ.

Titre... „
Frontispice... „
Plan de la maison du poëte tragique. Pl. 1re
Coupe longitudinale et coupe transversale 2
Peinture du prothyrum 3
Vue perspective prise du prothyrum 4
Laraire..5
Détails des ordres du péristyle (le pilastre marqué 3 est à l'entrée de l'atrium)..6
Peinture de la chambre marquée 18 sur le plan.....7
Peinture du tablinum 8
Sujet de la chambre marquée 15 sur le plan........9
Peinture de la chambre marquée 16 sur le plan....10
Peinture de l'exèdre 11
Peinture du triclinium marquée 21 sur le plan....12
Peinture de la chambre marquée 14 d°.   d°.....13

Sujet sous le portique du peristyle, (Iphigénie)......14
Sujet de l'exèdre, (Leda et Tindare)..................15
Sujet de l'atrium, (Criseis).........................16
Mosaïque du protyrum marquée 1 sur le plan...........17
Mosaïque des ailes marquée   6   d°.   d°...........18
Mosaïque du tablinum marquée 8   d°.   d°...........19
Mosaïque de l'exèdre marquée 15 d°. ...d°...........20
Mosaïques des pièces marquées 14 et 16 d°....d°....21
Sujet de l'atrium, (Jupiter sur le mont Ida.)........22
Peinture du péristyle...............................23
Calque de la figure du panneau à gauche du tablinum.24
Ornemens divers calqués.............................25
d°.   d°.   d°....................................26
Peinture de la chambre marquée 20 sur le plan.......27

Fin de la table
des planches contenues dans ce volume.

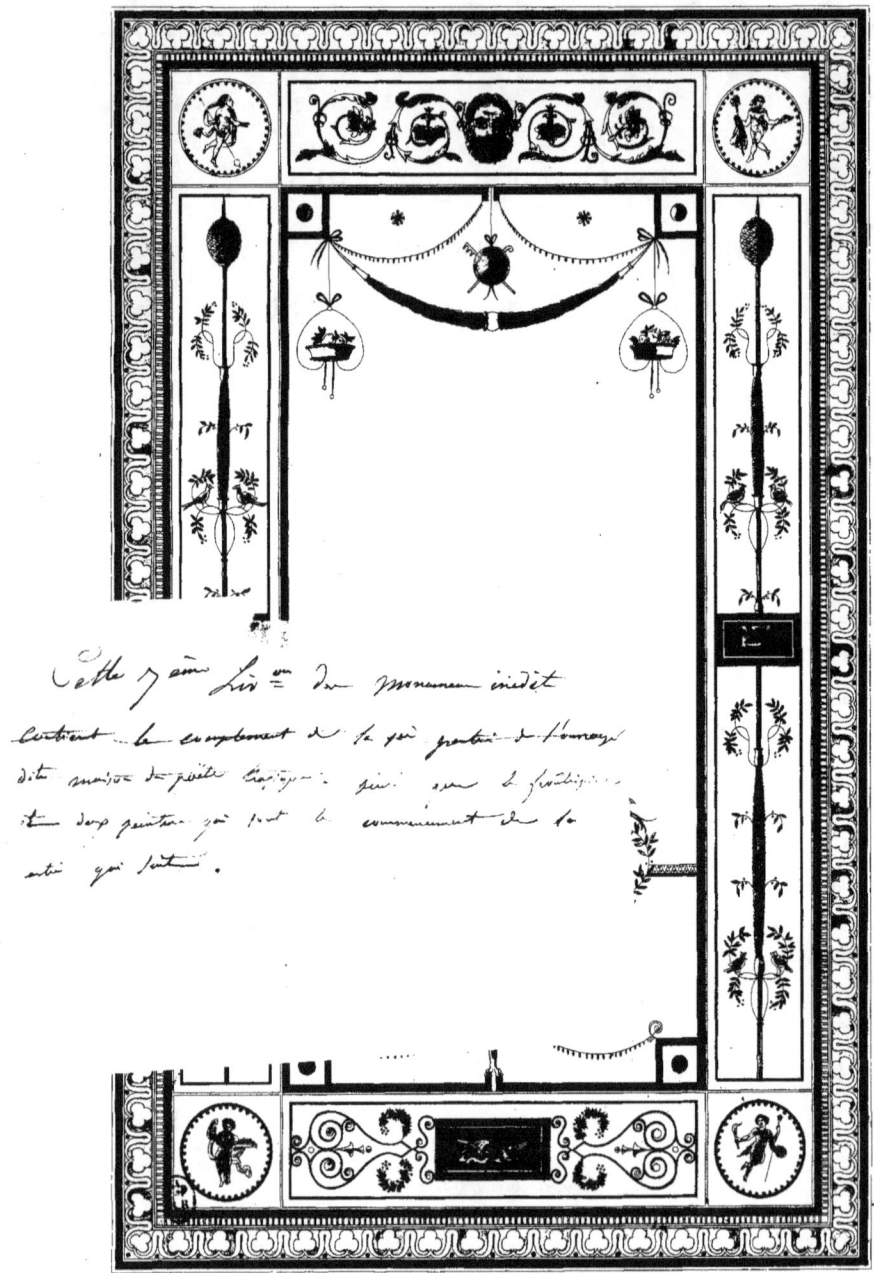

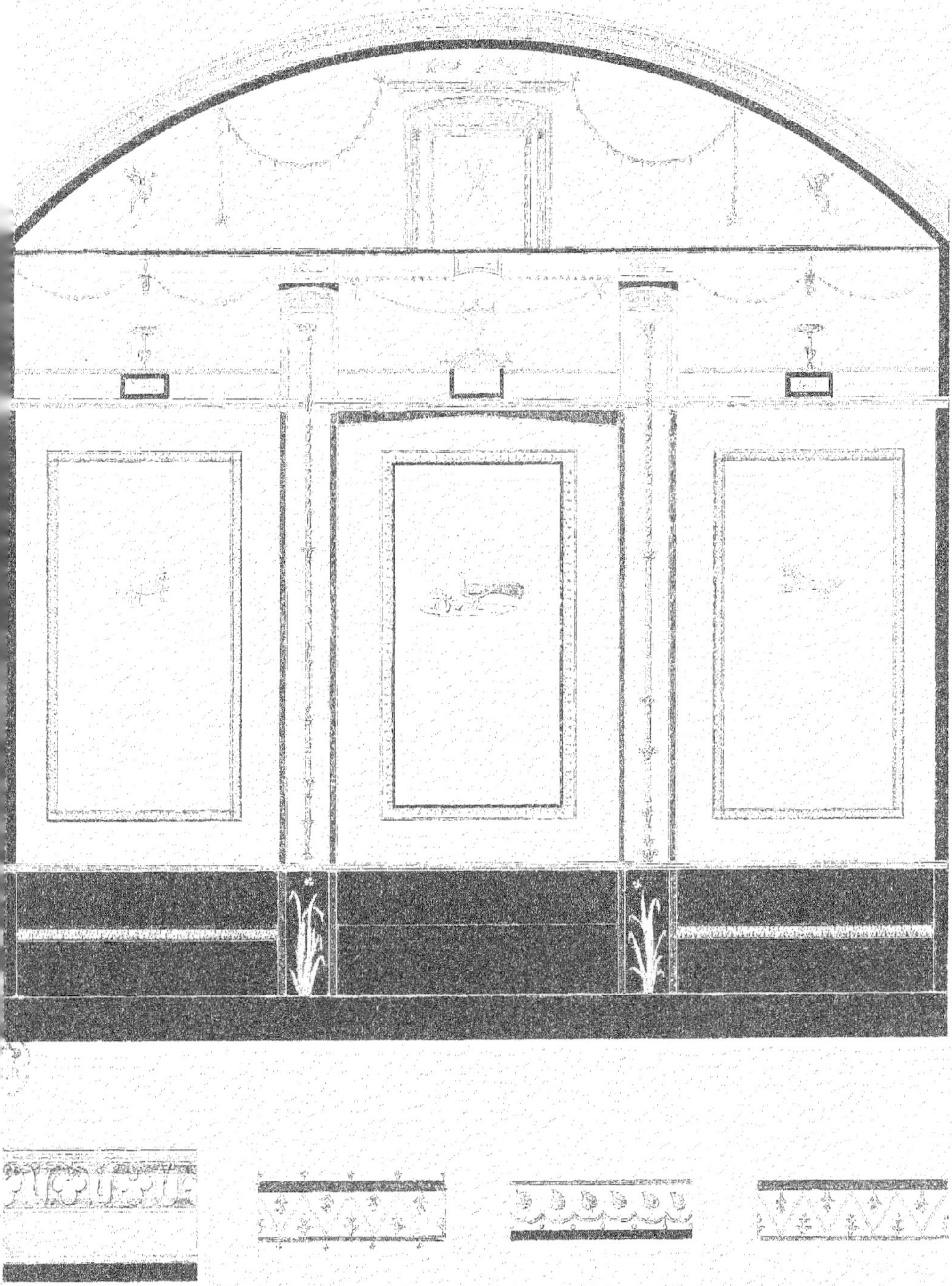

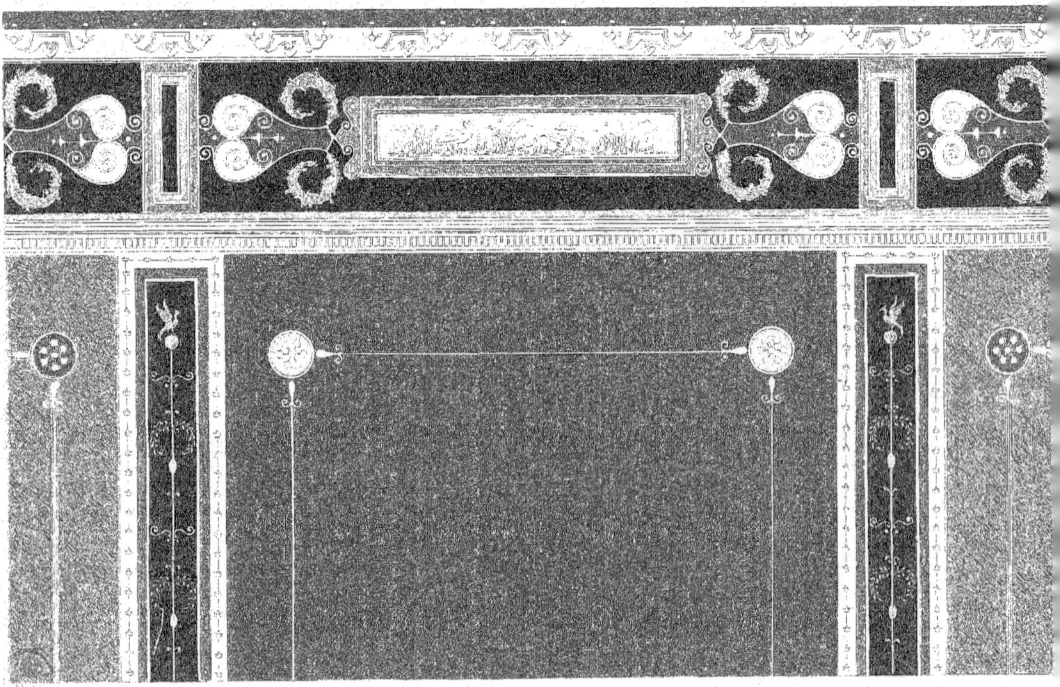

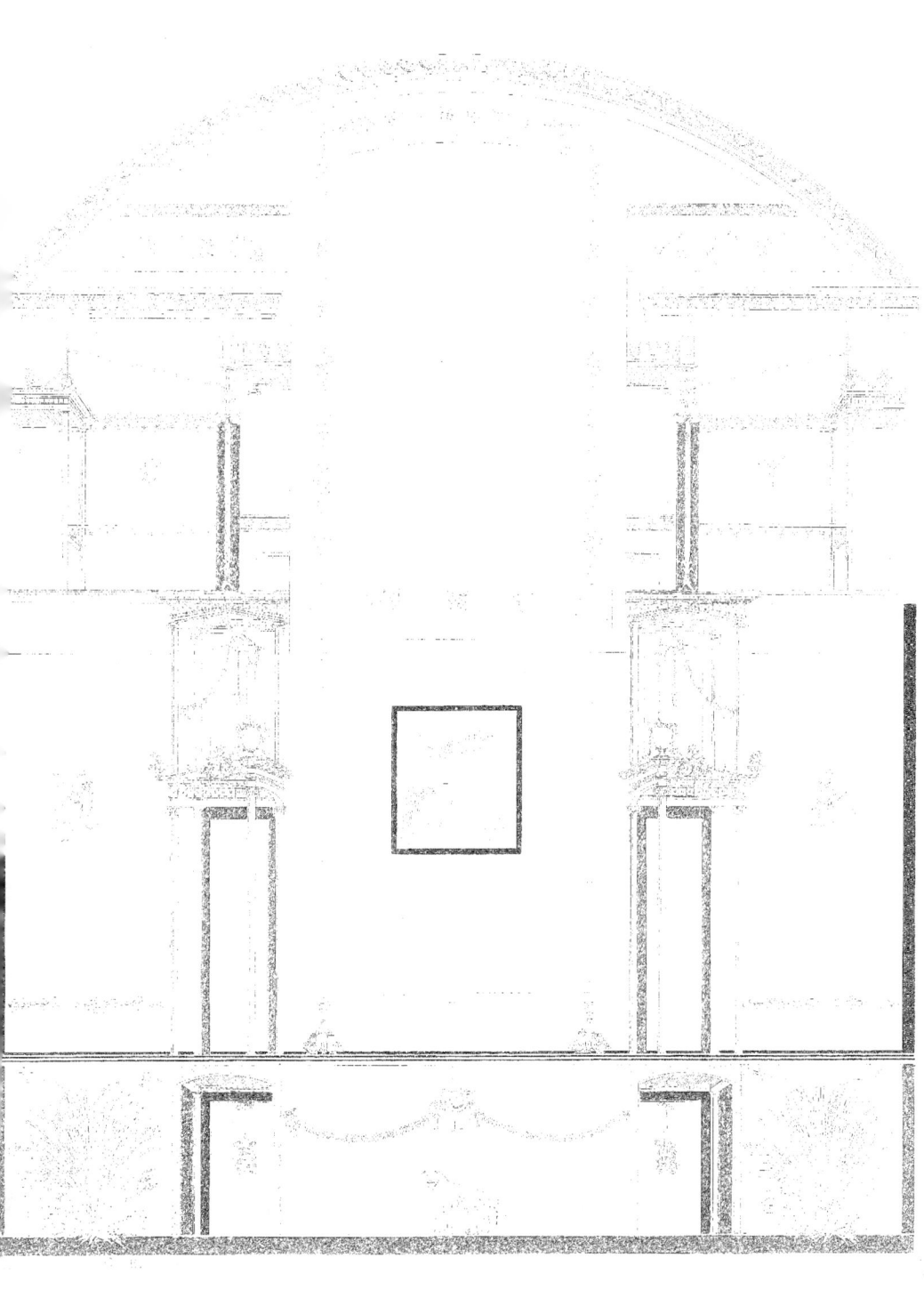

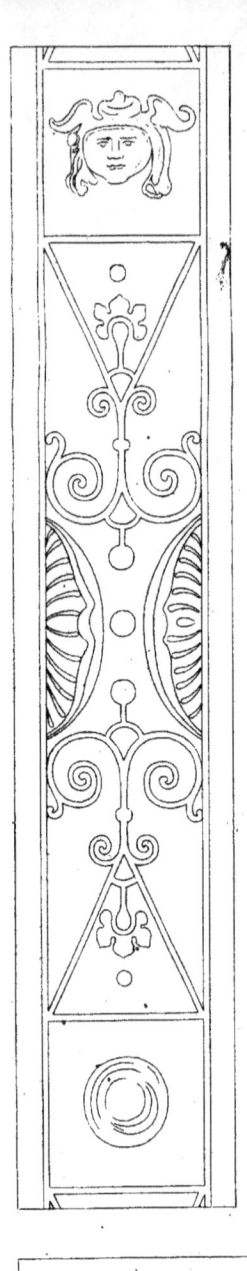

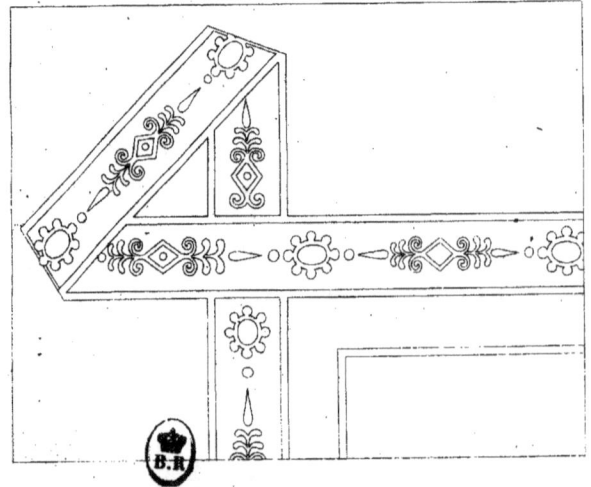
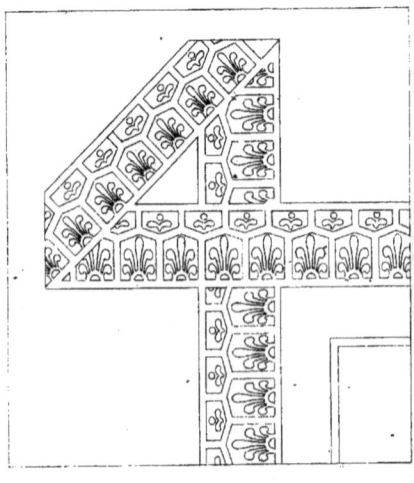

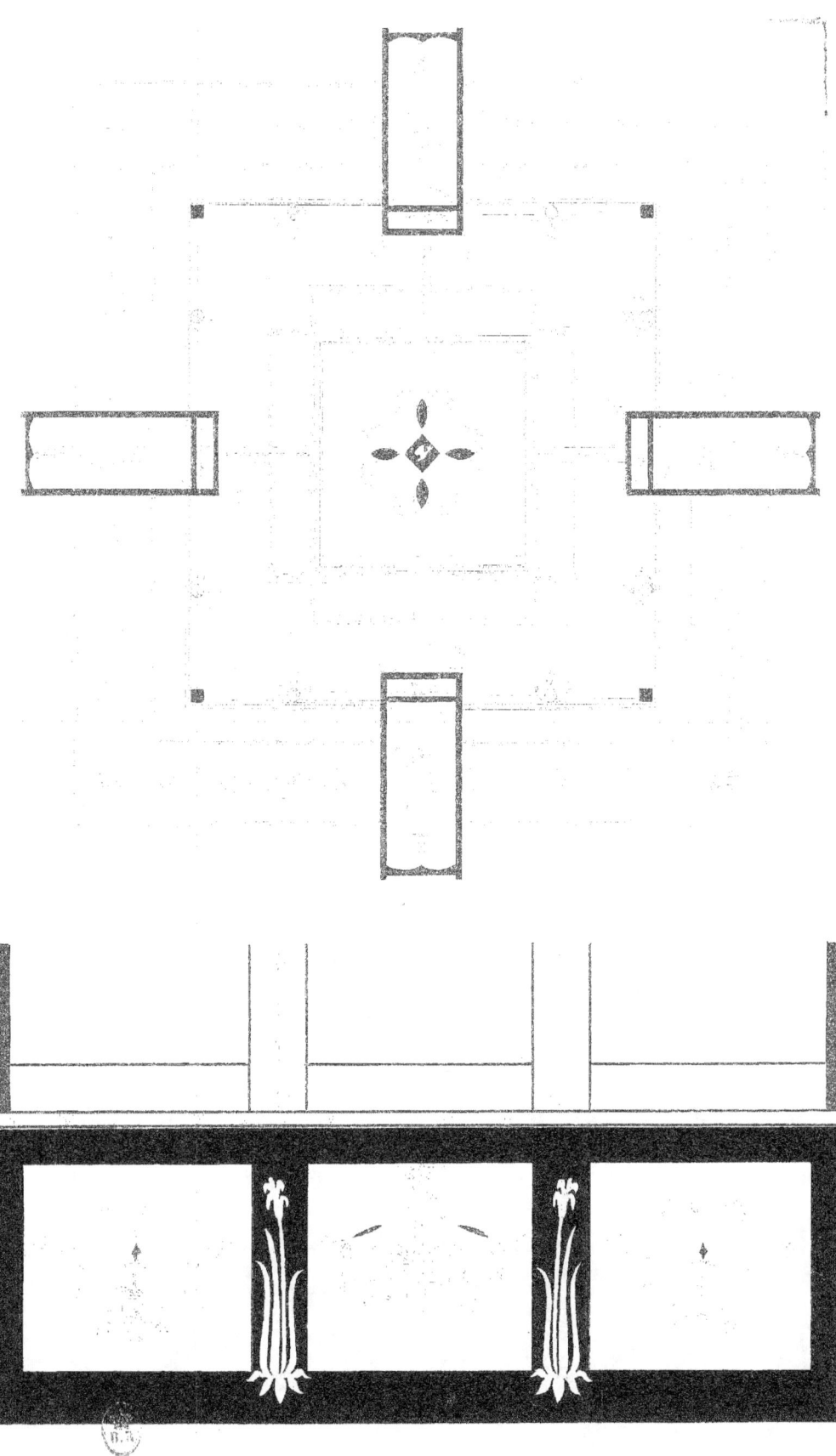

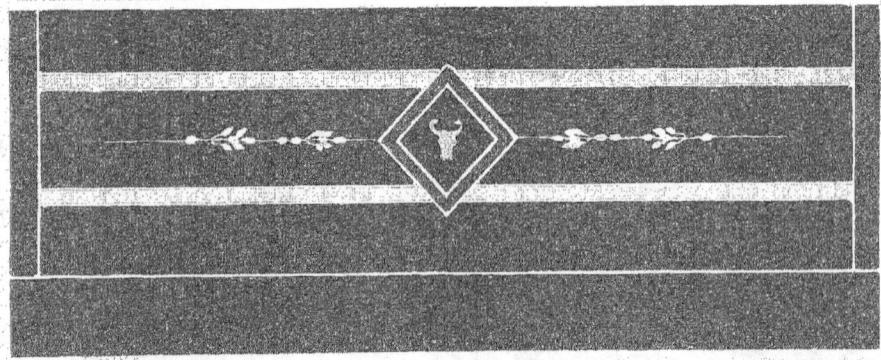

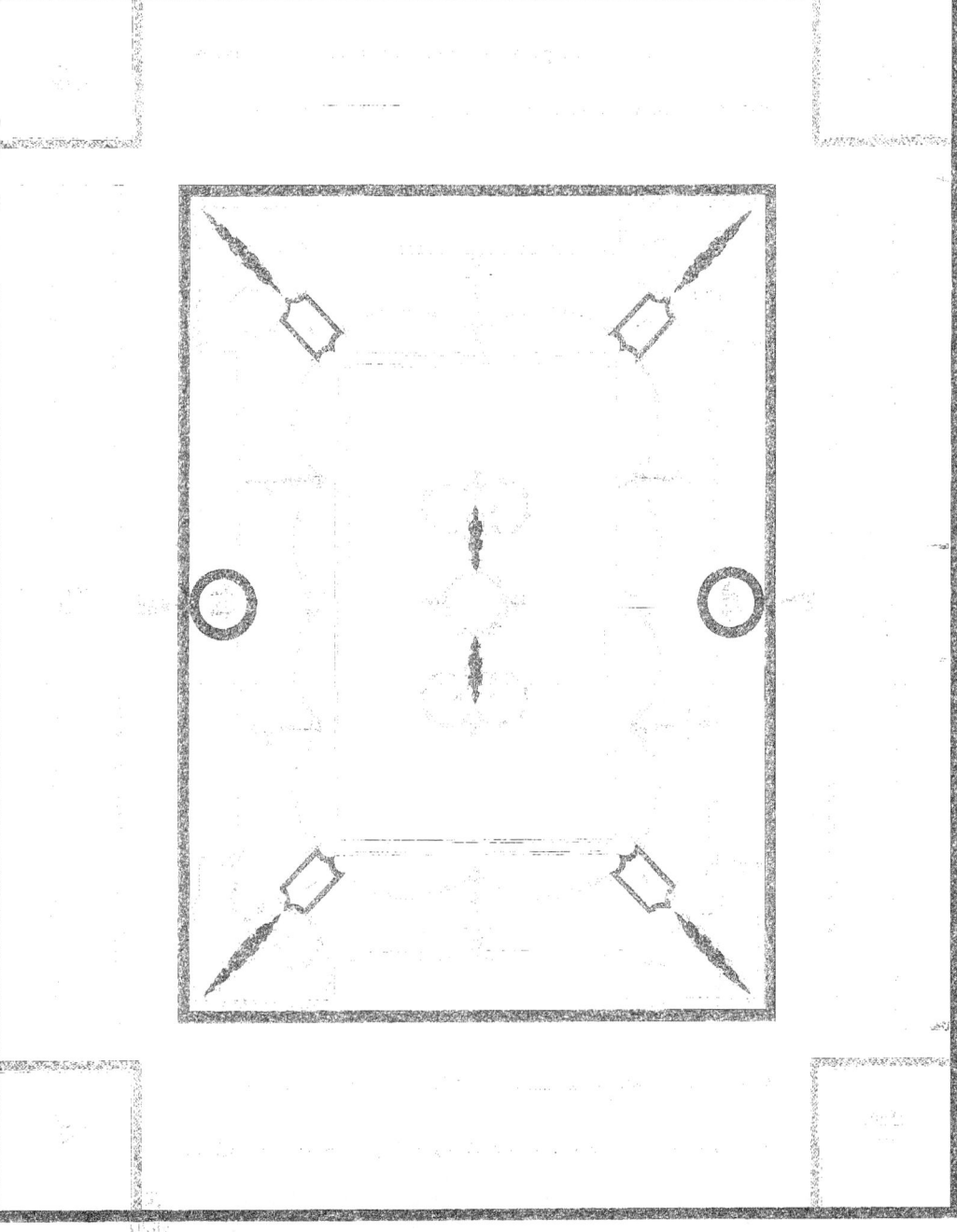

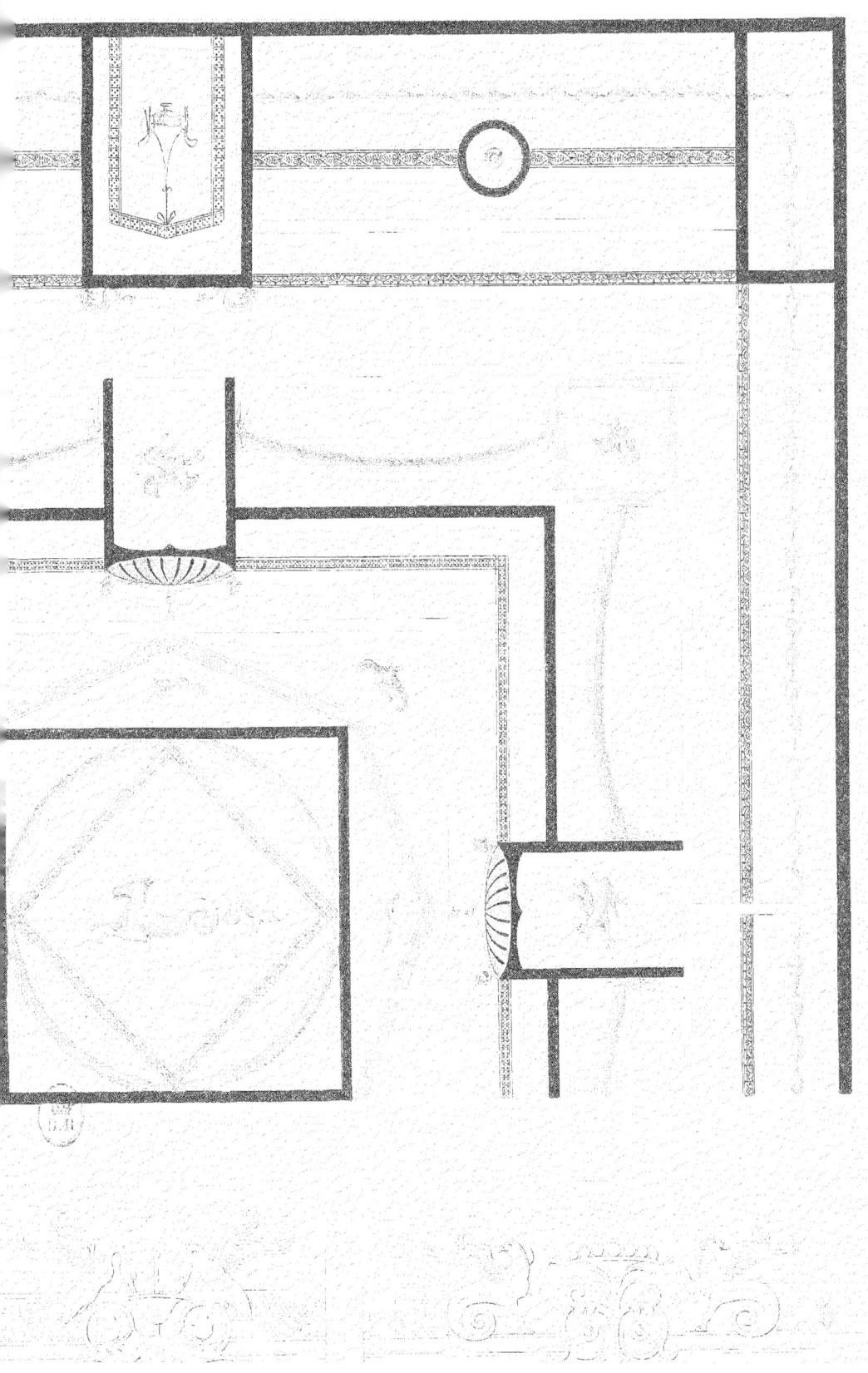